C.H.BECK ■ WISSEN

in der Beck'schen Reihe

AF186535

Durch seine vielbewunderten Bauwerke, allen voran den Taj Mahall, und eine einzigartige Miniaturmalerei ist das Mogulreich für viele zum Inbegriff Indiens geworden. Stephan Conermann beschreibt die Geschichte dieses letzten indischen Großreichs von seiner Entstehung im 16. bis zum Niedergang im 18. Jahrhundert. Er geht den erstaunlich toleranten religiösen Vorstellungen der islamischen Herrscher nach, stellt ihre kulturelle Hinterlassenschaft dar, erläutert die wirtschaftlichen und rechtlichen Strukturen des Reichs und nicht zuletzt den Alltag in Städten und Dörfern.

Stephan Conermann, geb. 1964, ist seit 2003 Professor für Islamwissenschaft an der Rheinischen Friedrich-Wilhelms-Universität Bonn. Er ist Vorstandsmitglied der Annemarie-Schimmel-Stiftung und Gründungsmitglied des Bonner Zentrums für Religion und Gesellschaft.

Stephan Conermann

DAS MOGULREICH

Geschichte und Kultur
des muslimischen Indien

Verlag C.H. Beck

Mit 6 Abbildungen und 2 Karten
(Karten von Peter Palm, Berlin)

Originalausgabe
© Verlag C. H. Beck oHG, München 2006
Gesamtherstellung: Druckerei C. H. Beck, Nördlingen
Umschlagentwurf: Uwe Göbel, München
Printed in Germany
ISBN-10: 3 406 53603 4
ISBN-13: 978 3 406 53603 8

www.beck.de

Inhalt

Einleitung

In Nordindien entstand zu Beginn des 16. Jahrhunderts ein indomuslimisches Reich, das sehr schnell zu einem der größten Imperien der Neuzeit aufstieg: das Mogulreich. So nannten die Europäer das prachtvolle indische Großreich, denn sie hielten seine Herrscher für Mongolen, was nichts anderes als «Moguln» heißt. Die Herrscher selbst haben diesen Begriff allerdings niemals verwendet. In Indien bezeichneten sie sich stets als Gurkani-Dynastie. «Gurkan» ist die persianisierte Form des mongolischen Wortes «kürägän» (Schwiegersohn). Timur (gest. 1405), der Stammvater der muslimischen Machthaber auf dem Subkontinent, trug diesen Titel nach seiner Heirat mit einer mit Chingis Khan (gest. 1227) verwandten Prinzessin, denn erst durch diese Ehe wurde seine Herrschaft genealogisch legitimiert. Herrschen durfte in Zentralasien zu seiner Zeit schließlich nur jemand, der Chingis Khan zu seinen Ahnen zählen konnte.

Als Gründer des Reiches gilt Babur (gest. 1530), der allerdings nur die letzten vier Jahre seines Lebens im Land war. Auch sein Nachfolger Humayun (gest. 1556) hat das entstehende Reich wenig prägen können: Nach einem ersten turbulenten Jahrzehnt mußte er an den Safavidenhof nach Iran fliehen. Von dort konnte er erst ein Jahr vor seinem Tode siegreich zurückkehren. Zur Blüte gelangte das Reich während der langen Regierungszeiten der vier bedeutendsten Herrscher – Akbar (reg. 1556–1605), Jahangir (reg. 1605–1627), Shah Jahan (reg. 1627–1658) und Awrangzeb (reg. 1658–1707). Sie schufen einen zentralisierten islamisch geprägten Staat, den sie schrittweise nach Mittel- und Südindien erweiterten, so daß sie in der Mitte des 17. Jahrhunderts in weiten Teilen des indischen Subkontinents unangefochten herrschten. Da der Großteil der Bevölkerung hinduistisch geblieben war, führte das enge Zusammenleben von Muslimen und Hindus vielerorts zu religiösen Symbiosen und

kulturellen Verschmelzungen. Höhepunkt dieser Entwicklung
war der – letztlich scheiternde – Versuch des Mogulherrschers
Akbar, eine neue Religion zu schaffen, die den gesamtindischen
Realitäten entsprach.

Während des 16. und 17. Jahrhunderts blühten Wirtschaft,
Handel, Kunst und Kultur, bis die Briten, Marathen, Jats, Sikhs
und Rajputen zu ernstzunehmenden politischen Gegnern heran-
wuchsen und die Dominanz der Mogulherrscher in Südasien
in Frage stellten. Diese Veränderungen, deren treibende Kraft
der Aufstieg Europas in der Neuzeit war, führten innerhalb kurzer Zeit zum Zusammenbruch der Verwaltung. Die Herrschaft
ging Awrangzebs Nachfolgern verloren, so daß es 1739 für den
in Iran herrschenden Nadir Shah ein leichtes war, einen Feldzug nach Delhi durchzuführen und die Hauptstadt des Mogulreiches einzunehmen. In der Folgezeit entstanden auf dem Gebiet des ehemaligen Mogulreiches zahlreiche muslimische und
hinduistische Nachfolgereiche, die miteinander auf regionaler
Ebene um die Vorherrschaft rangen, ohne jedoch einen gesamtindischen Herrschaftsanspruch durchsetzen zu können. Dies
war am Ende des 18. Jahrhunderts den Briten vorbehalten. Die
East India Company dehnte nach ihren Siegen über die Franzosen in Arcot (1751) und Pondicherry (1761) ihren Machtbereich auf dem Subkontinent immer mehr aus. Bereits in den
1820er Jahren kontrollierten die Europäer den größten Teil Indiens. Nach der Niederschlagung eines antibritischen Aufstandes in den Jahren 1857/58 übernahm die britische Krone von
der East India Company alle politischen Rechte und übte fortan
selbst die Herrschaft aus. Damit war das Ende des einst so glanz-
vollen Mogulreiches endgültig besiegelt. 1876 ernannte das
britische Parlament Königin Victoria zur «Kaiserin von Indien»,
und am 1. Januar 1877 verkündete der Vizekönig Lord Lytton
in Delhi feierlich die Errichtung des Indischen Kaiserreiches.

Auf die europäischen Zeitgenossen machte das Mogulreich
aufgrund seines offenkundigen Reichtums, seiner zur Schau
gestellten Pracht und seiner einzigartigen, persische und indische
Elemente aufgreifenden Architektur und Kunst ungeheuren Eindruck. Bis heute versteht man unter einem «Mogul» einen rei-

chen, mächtigen Menschen, etwa einen «Medienmogul», der über ein Imperium an Zeitungen und Sendern verfügt. Wie kam es zu diesem einzigartigen kulturellen Höhepunkt? Und wie sah das Leben auf dem Land oder in den Städten aus? Wie lebten Hindus und Muslime im Alltag zusammen? Warum brach das mächtige Reich der Moguln im 18. Jahrhundert auseinander? Welche internationale Rolle spielte Indien in der Neuzeit? Diesen Fragen geht dieses Buch auf dem neuesten Forschungsstand und in der hier gebotenen Kürze nach. Nicht alle Fragen können abschließend beantwortet werden, denn wie immer ist die Forschung im Fluß. Aber wenn es gelingt, weiteres Interesse an einem der außergewöhnlichsten und glanzvollsten Imperien der Welt zu wecken, ist schon ein wichtiges Ziel erreicht.

I. Von Zentralasien nach Indien

Aller Anfang ist schwer:
Babur und Humayun (1500–1556)

Die Wurzeln des Mogulreiches und seiner Machtelite liegen in Mittelasien. Umar Shaykh Mirza (gest. 1494), der Vater des sogenannten «Reichsgründers» Babur, hatte in Farghana am Syr-Darya ein kleines Reich aufgebaut. Er konnte seinen Herrschaftsanspruch gut begründen. Immerhin bestand in vierter Generation eine direkte Verwandtschaft mit dem berühmten islamischen Herrscher Timur (gest. 1405), nämlich über dessen dritten Sohn Jalal ad-Din Miranshah Mirza (gest. 1408), und seine Frau, Qutlug Nigar Khanum, war eine direkte Nachfahrin von Chingis Khan (gest. 1227).

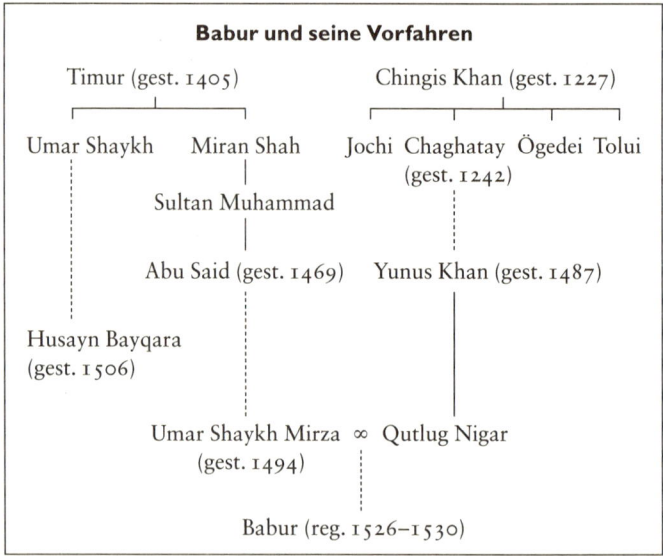

Babur und seine Vorfahren

Timur (gest. 1405)   Chingis Khan (gest. 1227)

Umar Shaykh   Miran Shah   Jochi Chaghatay Ögedei Tolui
                                      (gest. 1242)
            Sultan Muhammad

            Abu Said (gest. 1469)   Yunus Khan (gest. 1487)

Husayn Bayqara
(gest. 1506)

        Umar Shaykh Mirza ∞ Qutlug Nigar
              (gest. 1494)

              Babur (reg. 1526–1530)

Umar Shaykh besaß vier Söhne, die nach seinem Tod miteinander um die Macht rangen. Sie verspielten damit ihr Erbe, da sie nicht imstande waren, es gemeinsam gegen einen Feind von außen, in diesem Fall gegen den Uzbekenführer Shaybani Khan (gest. 1511), zu verteidigen. Babur, der mit elf Jahren offiziell seinem Vater als *mirza* (pers., etwa: «Anführer») gefolgt war, konnte sich in Andijan, seiner Residenz im Farghanatal, nicht lange halten und wurde schließlich von rivalisierenden Familienmitgliedern aus der Stadt vertrieben. Seine Lage war prekär, doch legitimierte ihn wenigstens seine timuridische Abstammung dazu, überall dort Herrschaft auszuüben, wo Timur einstmals die Macht innehatte. So erhob er Anspruch auf Kabul, da dort 1501 sein Onkel gestorben und der Thron an einen Nicht-Timuriden namens Muhammad Muqim gefallen war.

Mit seinen wenigen Gefolgsleuten, zu denen in Badakhshan allerdings noch mehrere türkisch-mongolische Stämme hinzukamen, gelang ihm drei Jahre später die Einnahme der Stadt. Die in der Umgebung von Kabul lebenden afghanischen Stämme erwiesen sich zwar nicht immer als loyal, aber soweit Babur erfolgreich blieb, waren sie bereit, ihn als Oberherren anzuerkennen. So gelang es ihm, seine Herrschaft zu festigen und zu erweitern.

1505 bat ihn sein Onkel, der in Herat residierende Sultan Husayn Mirza Bayqara, um Hilfe gegen die Uzbeken. Da Babur der einzige timuridische Herrscher in dieser Zeit war, kam er seiner Bitte nach. Zwar starb der Oheim, bevor Babur nach Herat gelangte, aber dennoch blieb er eine Zeitlang in der Stadt. Hier lernte Babur die urbane timuridische Hofkultur kennen. Insbesondere kam er in Kontakt mit den literarischen Werken des weithin berühmten türkischen Dichters Mir Ali Sher Nava'i (gest. 1501), in dessen ehemaligem Haus er sich einquartiert hatte.

1506 kehrte Babur nach Kabul zurück. Herat fiel im Sommer darauf in die Hände der Uzbeken. Obgleich ihm in der Folgezeit die Eroberung von Qandahar gelang, zog sich Babur in die Berge zurück, als ihm zu Ohren kam, daß Shaybani Khan mit einem großen Heer näherrückte. Doch das Schicksal meinte es gut mit dem Timuridenherrscher. Shaybani Khan wurde 1510 von dem in Iran herrschenden schiitischen Safavidenführer Shah Ismail (gest. 1524) vernichtend geschlagen und im Kampf getötet. Sofort nutzte Babur die Gunst der Stunde und besetzte die ehemalige Timuridenhauptstadt Samarqand. Doch der Preis war hoch: Er mußte Shah Ismail als Oberherren anerkennen, sich zur Schia bekennen und die für alle Soldaten des Shahs obligatorische turkmenische Uniform anziehen. Seine Gefolgsleute wollten dies nicht akzeptieren, so daß Babur sich gezwungen sah, Samarqand wieder aufzugeben.

In dieser Zeit scheint Babur innerlich eine Neuorientierung seiner expansionistischen Ziele vorgenommen zu haben. Nicht mehr gegen Samarqand und Mittelasien sollte es künftig gehen, sondern nach Osten, Richtung Indien. 1519 unternahm er daher vier kürzere Feldzüge in die Region. Neben einer beträchtlichen Beute brachten ihm diese ersten Unternehmungen die Erkenntnis, daß das in Nordindien zu dieser Zeit herrschende Sultanat des afghanischen Lodi-Stammes innerlich zerrissen und damit kein wirklich ernstzunehmender Gegner war. Nach sorgfältiger Vorbereitung und Planung brach er im Winter 1525/26 zusammen mit allen Verbündeten auf. Nachdem man die Festung von Lahore erobert hatte, zog man weiter in den Norden des Subkontinents. Ein Sieg reihte sich an den anderen. Den Schlußpunkt setzte der Erfolg gegen das Heer von Sultan Ibrahim Lodi am 20. April 1526 bei Panipat. Kurz darauf zog Babur an der Spitze seiner Truppen als neuer Herr in Delhi und Agra, den beiden Residenzstädten der Lodis, ein.

Die Lage dort war für Babur natürlich nicht sehr einfach. Es herrschte in den eigenen Reihen eine große Unzufriedenheit. Die Soldaten hatten das Gefühl, in ein unfreundliches, seltsames und fremdes Land verschlagen worden zu sein. Sie wollten zurück nach Kabul. Babur hatte jedoch geplant, Indien zur neuen Basis seines Reiches zu machen, da sich die Ressourcen um Kabul als zu dürftig herausgestellt hatten, um seine Gefolgsleute befriedigen zu können. Seinen Männern hatte er offenbar von diesen Plänen nichts erzählt. Des weiteren mußte er den neu gewonnenen Herrschaftsraum erst einmal sichern und gegen eine Konföderation hinduistischer Heerführer («Rajputen») verteidigen, die von einem gewissen Maharana Sanga aus Mewar angeführt wurde.

Nach einem dramatischen öffentlichen Auftritt, auf dem Babur unter anderem dem Alkohol abschwor, schlug er die Hindus am 17. März 1527 bei Khanawah. Es folgten noch einige erfolgreiche Feldzüge nach Bengalen gegen die dortigen (von den Lodis unabhängigen) Afghanenstämme. Dann mußte sich Babur auch noch um das von ihm weiterhin gehaltene Kabul kümmern. Ständig drohte die Gefahr, daß die Stadt von uzbekischen Gruppierungen besetzt und geplündert würde. Trotz dieser Probleme gelang es Babur, seine Herrschaft in Nordindien zu konsolidieren, bevor er am 26. Dezember 1530 in Agra starb.

Die Ausgangssituation nach dem Tode Baburs im Dezember 1530 sah so aus: Drei Tage nach seinem Hinscheiden ernannte man in Agra aus Angst vor einem Putsch Baburs ältesten Sohn Humayun zum neuen Herrscher. Sein Halbbruder Kamran (gest. 1557) erhielt Lahore, den Punjab und Kabul als Pfründe (*jagir*), Hindal (gest. 1551) Mevat und Askari (gest. 1558) Sanbhal. Während der ersten Monate seiner Regierungszeit gelangen Humayun einige militärische Erfolge über die Lodis und andere afghanische Gruppen im Nordosten des Reiches. Kaum war er jedoch wieder in Agra eingetroffen, als Nachrichten über die Rebellion eines afghanischen Stammesführers namens Sher Khan in Bihar zu ihm drangen. Humayun hatte keine Wahl. Er brach erneut mit einem Heer in die Richtung der von den Afghanen belagerten Provinzhauptstadt Gaur auf, wobei Hindal als sein Stellvertreter in Agra zurückblieb. Zwar konnte der Mogulherrscher Bengalen befrieden, doch als sich die herrscherliche Armee von Gaur aus auf den Rückmarsch begab, versperrte ihnen Sher Khan, der sich inzwischen den ambitionierten Herrschertitel «Sher Shah» zugelegt hatte, bei dem auf dem südlichen Gangesufer gelegenen Chausa den Weg. Dies konnte – nach Aussage des wichtigen Chronisten und Zeitzeugen Jauhar (gest. nach 1586/87) – nur geschehen, weil einer der Vertrauten des Herrschers diesem den falschen Rat gegeben hatte, das Flußufer zu wechseln.

Die Mogulherrscher

Babur (reg. 1526–1530)
↓

Humayun (reg. 1530–1540; 1555–1556) – Kamran – Hindal –
↓   Askari
↓

Akbar (reg. 1556–1605) – Hakim
↓

Jahangir (reg. 1605–1627) – Murad – Daniyal
↓

Khusraw – Parviz – Shah Jahan (reg. 1628–1658) – Shahriyar
↓

Dara Shukoh – Shah Shujaʿ – Awrangzeb (reg. 1658–1707) –
↓   Murad Bakhsh
↓

Muhammad Sultan – Shah Alam Bahadur (reg. 1707–1712) –
↓   Asam – Akbar – Kam Bakhsh
↓

Jahan Shah – Rafiʿash-Shaʿn – Jahandar Shah (reg. 1712–1713) –
↓   Azim ash-Shaʿn
↓   ↓
↓   Farrukh Siyar (reg. 1713–1719)
Muhammad Shah (reg. 1719–1748)

Die schwierige Lage nötigte Humayun zum Friedensschluß mit dem afghanischen Machthaber. Sher Shah erwies sich allerdings – so Jauhar – als ein heimtückischer, hinterlistiger Gegner. Während eines nächtlichen Überfalls auf das Lager Humayuns wurden viele der besten Soldaten Humayuns getötet. Der Pad(i)-shah (persisch «Herrscher») selbst konnte entkommen und nach Agra fliehen. Hier traf er auf seinen Halbbruder Kamran, der aus Lahore gekommen war, um seinen Bruder Hindal, der sich in der Hauptstadt nach der Niederlage Humayuns unbotmäßig gezeigt hatte, wieder zur Raison zu bringen. Aufgrund der Fürsprache Kamrans verzieh der Herrscher Hindal.

Mit erneut gesammelten Kräften stellte sich der Mogulführer den heranrückenden Afghanen 1540 bei Kanauj zum Kampf.

Humayun verlor die Schlacht und mußte sich nach Agra zu-
rückziehen, das bereits von dem dort zurückgelassenen Kamran
– unter dem Vorwand einer Krankheit – aufgegeben worden
war. Vor den anrückenden Afghanen floh Humayun mit dem
Rest seiner Truppen nach Lahore. Die vier Brüder trafen dort
zusammen und berieten sich. Über das weitere Vorgehen gegen
den gemeinsamen Feind konnten sie sich nicht einigen. Da sich
aber die Soldaten Sher Shahs näherten, kam es zum überstürzten
Aufbruch aus der Stadt. Während sich Kamran und Askari nach
Kabul aufmachten, zogen Humayun und Hindal nach Uchch.
Von dort führte ihr Weg nach Bhakkar. Über Jun ging die be-
schwerliche Reise dann weiter zur Stadt Qandahar, die ihnen
jedoch verschlossen blieb. Schließlich landete der Trupp 1543
im iranischen Sistan, das zum Reich der Safaviden gehörte.
Ein devoter Brief an den dortigen Machthaber Shah Tahmasp
(reg. 1524–1576) wurde aufgesetzt, in dem man andeutete, sich
auf dem Weg nach Mekka zu befinden. Der schiitische Herrscher
befahl daraufhin, Humayun alle nötige Unterstützung und Hilfe
zukommen zu lassen. Shah Tahmasp bat sie ferner, bei ihm persönlich vorstellig zu werden. Über Mashhad, Nishapur und Sab-
zavar erreichten sie schließlich Qazvin, in dessen Nähe sich das
Sommerlager des Safavidenherrschers befand. Humayun und
seine Gefolgschaft wurden mit allen Ehren empfangen, allerdings forderte man von ihnen das Bekenntnis zum Schiitentum.
Nach anfänglichem Zaudern unterschrieb der ehemalige Mogulherrscher angesichts der ausweglosen Lage seiner Leute ein ent-
sprechendes Dokument.

  Obgleich es dennnoch gelegentlich zu Verstimmungen zwischen den beiden Monarchen kam, stellte Shah Tahmasp seinem
– nunmehr ja ebenfalls schiitischen – «Amtskollegen» eine nicht
unerhebliche Anzahl von Truppen zur Eroberung der zentralasiatischen Gebiete zur Verfügung. Nach einer zweiwöchigen
Musterung – insgesamt seien es 14 000 Mann gewesen, sagt
Jauhar – brach Humayun gen Osten auf. Von Kabul aus, das
er seinem Halbbruder Kamran abnehmen konnte, bereitete
Humayun in den nächsten Jahren den Einmarsch nach Indien
vor. Im Dezember 1554 überschritt er den Indus, und im Fe-

bruar 1555 marschierte er in Lahore ein. Nach einem militärischen Erfolg bei Dipalpur besiegte Humayun in zwei Schlach-
ten bei Sirhind das Heer Sikandar Shah Surs (reg. 1555). Am
23. Juli betrat der älteste Sohn Baburs Delhi, wo er sich unverzüglich zum Herrscher ausrufen ließ. Kurz darauf, am 20. Januar
1556 kam der Pad(i)shah – angeblich bei einem Unfall – ums
Leben.

In der Zeit, in der Humayun Indien fern war (1540–1550),
hatte eine von dem afghanischen Militärführer Sher Shah Sur b.
Miyan etablierte Dynastie die Macht übernommen. Sher Shah
Sur, der eigentlich Farid ad-Din hieß und erst später den herrscherlichen Ehrentitel «Sher Shah» annahm, war es, wie wir gesehen haben, in den 1530er Jahren von Bihar aus gelungen,
gegen die Lodis und Moguln ein Fürstentum zu errichten, das
sich bis nach Bengalen hin erstreckte. Nach den glänzenden
Erfolgen gegen Humayun konnte er sich 1540 zum Pad(i)shah
ausrufen lassen. Obgleich er in den fünf Jahren, die ihm noch
bis zu seinem Tode beschieden waren, ununterbrochen Feldzüge
gegen oppositionelle Gruppen führte, erweiterte er dennoch seinen Einflußbereich durch die Annexion von Malwa und Mar-
war. Er starb schließlich während der Belagerung von Kalinjar
im Jahre 1545.

Die Suri-Dynastie

Sher Shah Sur b. Miyan (reg. 1540–1545)
Islam Shah (reg. 1545–1554)
Muhammad Mubariz Khan (reg. 1554)
Ibrahim Khan (reg. 1554–1555)
Sikandar Shah (reg. 1555–1556)

Zu seinem Nachfolger ernannte man seinen Sohn Islam Shah
(reg. 1545–1554). Trotz der Ambitionen zahlreicher afghanischer Notabeln, deren Macht Islam Shah zu beschneiden versuchte, fiel das fragile Herrschaftsgefüge der Suri-Dynastie zu
seinen Lebzeiten nicht in sich zusammen. Dies geschah erst, als
nach seinem Hinscheiden im Herbst 1554 ein gewisser Mubariz
Khan seinen Sohn und designierten Nachfolger Firuz Shah er-

mordete und als Muhammad Adil Shah den Thron usurpierte. In dem nun folgenden Jahr entbrannte unter den verschiedenen afghanischen Großen, die ihre Basis unter anderem in Lahore und in Bengalen hatten, ein Kampf um die Macht in Delhi und Agra. Als Sieger ging schließlich Sikandar Khan daraus hervor, doch war das Reich durch die internen Kämpfe der Suris so geschwächt, daß sie, wie oben bereits erwähnt, 1555 von Humayun vernichtend geschlagen wurden.

Die Neuordnung der gesellschaftlichen Verhältnisse

Ethnische Gruppen.   Auf welche ethnischen Gruppen trafen nun die ersten Mogulherrscher in Nordindien? Zunächst einmal gab es dort die sogenannten Rajputen. Ihre Herkunft ist bis heute umstritten. Wahrscheinlich ist, daß sich unter dem Oberbegriff «Rajputen» mehrere Stämme vereinigten, die mit den Hunnen nach Indien gekommen waren. Sie vermischten sich mit den bereits in Rajasthan und Gujarat ansässigen tribalen Gruppen, die gleichfalls wenig hinduisiert waren. Im Jahre 747 soll der Überlieferung zufolge eine große Feuerzeremonie stattgefunden haben, durch die die Rajputenclane rituell gereinigt und als Kshatriyas, also der hinduistischen Kriegerkaste zugehörig, anerkannt worden seien. Ihr später erfolgter Aufstieg in Rajasthan scheint mit dem Ausbau der künstlichen Bewässerungsanlagen und der Erweiterung der Landwirtschaft zusammenzuhängen. Wir wissen über diese Zeit nicht viel. Auf jeden Fall hatten im 16. Jahrhundert viele Oberhäupter indogener Gruppen den Titel «Rajput» angenommen, so daß man sich unter den Rajputen zu jener Zeit einen sehr heterogenen Verbund von Kleinfürstentümern vorzustellen hat.

Ein Kennzeichen der Epoche zwischen der Herrschaft Khidr Khans (reg. 1414–1421), der in Nordindien im Namen der Timuriden regierte (Timur selbst hatte 1398/99 einen erfolgreichen Feldzug nach Delhi durchgeführt und damit das damalige Delhi-Sultanat faktisch beendet), und dem Einfall Baburs zu Beginn des 16. Jahrhunderts war das Anwachsen der von Rajputen ausgeübten Macht im Norden des Subkontinents. Eine wichtige

Figur war dabei Rana Sanga (reg. 1509–1528). Dieser hatte
an den Grenzen Rajasthans und Malwas von Chitawr aus in
Mevar ein Reich aufgebaut. Sein Erfolg hing mit der inneren
Schwäche der von Bahlul Khan gegründeten Dynastie der afghanischen Lodis (1451–1526) und dem Krieg zwischen den Herren
von Gujarat und Malwa zusammen. Die Rajputen verloren ihre
Vormachtstellung 1527 mit der Niederlage in der Schlacht von
Khanawah gegen Babur. Dieses Ereignis ist für die Gesamt-
geschichte Indiens bedeutend, da sich die Rajputen in der Folgezeit zwar bisweilen gegen die Mogulherrscher Humayun und
Shah Jahan auflehnten, insgesamt jedoch nie mehr zu einer überregionalen Macht aufsteigen konnten.

Der Hauptgegner von Babur waren allerdings nicht die Rajputen, sondern die Afghanen, die unter den Lodis zu Tausen-
den nach Indien gekommen waren. Die Lodis selbst waren ursprünglich ein mit den Ghilzay verwandter afghanisch-indischer
Stamm. Die meisten dieser Afghanen blieben, wenn sie nach
Indien migriert waren, in Kleingruppen organisiert und waren
stets bereit, sich auf Befehl ihres Oberhauptes zusammen mit
ihren Frauen, Kindern, Zelten und Tieren aufzumachen, um
sich einem vielversprechenden, erfolgreichen Heerführer anzuschließen. Selbst als die Lodis Sultane wurden, blieb die Haltung vieler afghanischer Gruppen zu ihnen ambivalent. In ihren
Augen waren die Sultane bestenfalls Partner im Kampf gegen
andere Lokalfürsten. Dies hatte zur Folge, daß die Lodis permanent in Stammesrivalitäten hineingezogen wurden und sie
daher ihre Energien mehr auf die Beilegung dieser Auseinandersetzungen als auf die Etablierung ihrer eigenen überregionalen
Herrschaft konzentrieren mußten.

Die afghanische Lodi-Dynastie

Bahlul (reg. 1451–1489)
Sikandar (reg. 1489–1517)
Ibrahim (reg. 1517–1526)

Bahlul Lodi (reg. 1451–1489) gelang es sehr gut, die afghanischen Notabeln einzubinden, denn er war bereit, die Macht mit ihnen zu teilen. Sein Sohn Sikandar (reg. 1489–1517) war in dieser Hinsicht ein guter Nachfolger auf dem Sultansthron. Auch er erreichte es, daß die afghanischen Führer, deren Oberherr er nominell ja war, seine Autorität im Laufe der Zeit einhellig anerkannten. Ibrahim Lodi (reg. 1517–1526) hielt sich nicht an die üblichen Spielregeln. Er verfolgte offensichtlich die Politik, massiv gegen die afghanischen Warlords vorzugehen und sie zur Gefolgschaft zu zwingen. So sollten sie sich bei Hofe rituell unterwerfen und dem Herrscher öffentlich Loyalität zusichern. Dieser Vorgehensweise war allerdings kein Erfolg beschieden. Die Notabeln scherten aus den Reihen der Lodis aus, indem sie sich entweder für unabhängig erklärten oder sich anderen Herren – etwa Babur – anschlossen. So war die Herrschaft der Lodi-Dynastie schon Jahre vor der Schlacht bei Panipat im Jahre 1526 zerfallen.

Als Babur in den 1520er Jahren mit seinen mongolisch-türkischen Truppen nach Indien kam, traf er somit auf eine Reihe von lose miteinander verbundenen Gruppen, die man vage als «Rajputen» und «Afghanen» bezeichnen kann. Diese waren zum Teil auch miteinander und untereinander in einem komplexen Netzwerk von Allianzen verknüpft. Familiäre Verbindungen kamen genauso häufig vor wie militärische Zweckbündnisse.

Eine der politischen Hauptaufgaben der ersten Mogulherrscher mußte es daher sein, diese frei auf dem Markt verfügbaren Gruppierungen für sich zu gewinnen. Am besten ist dies wohl Sher Khan Sur, der ja selbst afghanischer Herkunft war, gelungen. Er hatte auf dem Schlachtfeld Erfolg und bezahlte seine Männer gut und vor allem regelmäßig. Das Geld kam dabei aus den in den Pfründen der Emire erwirtschafteten Erträgen, wobei der Sultan seine Heerführer durch die genaue Zuteilung von Steueranteilen und die exakte Kennzeichnung der Pferde durch ein Brandzeichen disziplinierte.

Zu den «Rajputen» und «Afghanen» kamen im Norden des Subkontinents noch die indischen Muslime hinzu, deren Vorfahren im Laufe des 13., 14. und 15. Jahrhunderts aus Mittelasien oder Iran in das Land gekommen waren und sich dort niedergelassen hatten. Sie bildeten in den urbanen Zentren die Mittelschicht und arrangierten sich weitgehend mit den neuen Machthabern. Diese wiederum brachten jeweils ihre eigene Elite mit: Babur seine mongolisch-türkischen Weggefährten und Humayun eine große Zahl von Iranern, die ihm Shah Tahmasp mitgegeben hatte.

Muslimische Gemeinschaften. Die Mehrheit der Muslime in Indien gehörte der hanafitischen Rechtsschule an. Nachdem die Moguln diese Richtung des islamischen Rechts aus Zentralasien mitgebracht hatten, konnte weder der von Akbar favorisierte Eklektizismus noch seine Bestrebungen, eine Einheitsreligion zu schaffen, etwas daran ändern. Die indischen Gelehrten haben insgesamt nur wenig zur arabischen Literatur beigetragen. Einen Höchpunkt hanafitischer Gelehrsamkeit bildet aber das im Auftrag von Awrangzeb zwischen 1664 und 1672 erstellte Rechtskompendium *Fatawa-yi Hindiyya* («Indische Rechtsgutachten») oder *al-Fatawa al-Alamgiriyya* («Die auf Geheiß Alamgirs [= Awrangzeb] zusammengestellten Rechtsgutachten»). Hinter diesem Projekt stand die Idee, die maßgeblichen Rechtsentscheidungen früherer Juristen aus verschiedenen Werken in einem Buch verbindlich zusammenzufassen.

Eine wichtige Gruppe innerhalb der Muslime Indiens waren die Mystiker, die im islamischen Raum Sufis genannt wurden. Alle Mogulherrscher suchten die Nähe bedeutender Mystiker. Ihre Macht mußte sich auf die Erde beziehen, denn von den überirdischen Regionen, die von vielen Gelehrten als die eigentliche, weil beständige und nicht dem Tod unterworfene Welt bezeichnet wird, wußten nur diejenigen, die den materiellen Gelüsten entsagten, nämlich die Mystiker. Sie allein galten als Gottesfreunde. Durch den segenbringenden Kontakt zu den Scheichen eines Sufiordens konnte ein Herrscher sich in seinem Machtanspruch bestätigen.

Mystiker verdienten damals ihren Lebensunterhalt auf zwei verschiedene Arten: Entweder bestellten sie unvergebenes Brachland oder sie lebten von den mildtätigen Unterstützungen (Zuweisung von Ländereien, Renten, Pfründe) der Reichen und Mächtigen. Materielle Geschenke wurden in der Regel zwar angenommen, aber nicht gehortet, sondern direkt an Bedürftige und Arme verteilt. War es in einigen Kongregationen erlaubt, in Staatsdienste zu treten, so lehnten dies andere strikt ab.

Das Leben der Sufis organisierte sich in Ordenshäusern, wobei man drei Typen voneinander unterscheidet: Zunächst gab es sehr große Einrichtungen (*khanqahs*), die über separate Räumlichkeiten für jeden Besucher und für jeden Sufilehrer verfügten. Die Schüler schliefen hingegen in hallenartigen Sammelunterkünften. Einige Mystiker, die sich einer besonderen Askese unterzogen, lebten schließlich in abgesonderten Zellen (*zawiyas*). Generell sollte das Ordenshaus allerdings kein Ort der strengen Zurückgezogenheit sein. Im Gegenteil: Kommunikation war ein wichtiger Bestandteil des Ordenslebens. Enge Beziehungen bestanden sowohl zwischen Ordensmeistern und Novizen wie auch zwischen den Mystikern und der im Umland lebenden Bevölkerung. Gäste waren immer willkommen und durften bis zu drei Tage bleiben. Dabei sah man auch viele Hindus und Yogis. Die Menschen kamen, um dem Scheich, also dem obersten Sufi, ihre Probleme darzulegen und seinen Segen zu empfangen.

Die eigentlichen Residenten hatten sich strengen und ausgefeilten Ordensregeln zu unterwerfen. In vielen Orden gab es Darbietungen spiritueller Musik. Auch beging man den Geburtstag des Propheten oder eines berühmten Heiligen feierlich. Bisweilen wurde eine Festtafel arrangiert, und jeder, der vorbeikam, war eingeladen, an dem Mahl teilzunehmen. Der Alltag in einer Kongregation drehte sich um den Scheich und um die von ihm vorgeschriebenen gemeinsamen Gebete und mystischen Übungen. Die beiden Kennzeichen eines Mystikers waren sein Flickenrock und sein kahlgeschorener Schädel. Der Scheich besaß darüber hinaus noch einen Gebetsteppich, Sandalen, einen Rosenkranz und einen Gehstock als Zeichen seiner Heiligkeit. Seinen Nachfolger bestimmte er normalerweise, indem er einem besonders guten und auf dem mystischen Pfad weit fortgeschrittenen Schüler am Ende seines Lebens diese Utensilien aushändigte. Dazu ließ er ein Schreiben aufsetzen, in welchem er dem

Auserwählten das Recht zusprach, fortan die Kette der Ordens-
meister fortzusetzen und, wenn möglich, viele neue Zweigstellen
des Ordens zu errichten.

Viele Orden waren nach ihren Gründern benannt. Dabei
waren es allerdings meistens erst die Schüler des als Großmeister
verehrten Scheichs, die den Institutionalisierungsprozeß voran-
trieben. Während des Delhi-Sultanates waren die Chishtiyya
und die Suhrawardiyya die wichtigsten mystischen Gruppen.
Unter den Moguln nahmen dann die Naqshbandiyya und die
Qadiriyya an Bedeutung zu.

Die Chishtiyya leitet ihren Namen von Chisht, einem kleinen
Ort in der Nähe von Herat her, in dem der Gründer dieses
Ordens, Khwaja Abu-Ishaq, im 12. Jahrhundert einige Zeit ge-
lebt hat. Nach Indien kam die Chishtiyya durch Muʻin ad-Din
Sijzi (gest. 1236), der als Sitz für sein Ordenshaus die Stadt
Ajmer auswählte. In der Folgezeit wurden von seinen Schülern
drei neue Zentren errichtet: Delhi, Nagor und Ajodhan. Später
breitete sich die Chishtiyya auch nach Bengalen und auf dem
Dekkhan aus.

Die Suhrawardiyya rief Shaykh Najib ad-Din Abd al-Qahir
Suhrawardi (gest. 1168) im Irak ins Leben. Im 13. Jahrhundert
eröffneten Adepten dieses Ordens, die vor den Mongolen
geflohen waren, in Multan und Bengalen die ersten Einrichtungen
auf indischem Boden. Die Scheiche dieses Ordens besaßen
durchweg gute Kontakte zu den Sultanen von Delhi.

Als die im nachhinein intellektuell und auch als Großgrundbesitzer wirkungsmächtigste mystische Vereinigung auf dem
Subkontinent hat die aus Zentralasien stammende Naqshbandiyya zu gelten. Zwar war die Naqshbandiyya bereits zur Zeit
Baburs aktiv, der sie aus seiner Heimat kannte und unterstützte,
doch erkennen können wir ihre Aktivitäten erst gegen Ende der
Akbarzeit, als mit Khwaja Baqi Bi-llah (gest. 1603) und seinen
Schülern Ahmad Sirhindi (gest. 1624) und Abd al-Haqq Dihlawi
(gest. 1642) drei überregional bedeutende Gelehrte den Orden
weithin bekannt machten.

Die Qadiriyya schließlich hatte ihren Ursprung, wie die Suhrawardiyya, im Irak. Sie führt sich zurück auf den hanbalitischen

Mystiker Abd al-Qadir al-Jilani (gest. 1166) und kam durch Muhammad Ghawth, der 1482 ein Ordenshaus in Uchch bauen ließ, nach Südindien. Etablieren konnte sich die Qadiriyya dort aber erst unter Shah Niʿmat-Allah (gest. 1430/31) und Makhdum Muhammad Gilani (gest. 1517) während der Mogulzeit. Wirklich prominent wurde der Orden mit den Werken Muhammad Mirs (gest. 1635), der gemeinhin als Miyan Mir bekannt ist. Dieser fungierte als Erzieher von Dara Shukoh und Jahan Ara, den Kindern von Shah Jahan, zu denen weiter unten noch einige Worte zu sagen sein werden. Gerade auf Dara Shukoh übte die Qadiriyya mit ihrer Toleranz gegenüber Nichtmuslimen einen großen Einfluß aus.

Die Frage, auf welchem Wege im Laufe der Jahrhunderte der Subkontinent unter Vorherrschaft der Moguln islamisiert worden ist, konnte bisher nicht schlüssig beantwortet werden. Immer wieder hat man aber die Sufis als Katalysatoren dieses Transformationsprozesses ausmachen wollen. Vier Szenarien sind denkbar:

1. Muslime beabsichtigten die Unterwerfung derjenigen, die in Heiligen Kriegen besiegt worden waren. Die Konversion ist nichts anderes als ein politischer Gewaltakt. Allerdings haben die Unterstützer dieser Meinung bisher nicht gesagt, was sie eigentlich unter «Konversion» und «Gewalt» verstanden wissen wollten. Sie suggerieren, daß eine Gesellschaft ihre religiöse Identität nur deshalb ändert, weil sie ein Schwert im Nacken spürt. Doch wie sich dieser Prozeß dann konkret und im einzelnen vollzogen hat, bleibt unserer Imagination überlassen.

Die meisten Anhänger dieser Version haben wohl den Übertritt von Teilen der hinduistischen Bevölkerung zum Islam mit der Ausbreitung türkisch-iranischer Herrschaft in Nordindien zwischen 1200 und 1765 verwechselt. Doch ist das wirklich schwerwiegende Argument gegen diese These, daß sie nicht mit der Konversionsgeographie in Südasien vereinbar ist. Ein Blick auf die Karte zeigt, daß es einen direkten Zusammenhang zwischen dem Grad muslimischer Dominanz und dem Übertrittsverhalten der nichtmuslimischen Bevölkerung gibt. Mit anderen Worten: Wenn die «Schwerttheorie» richtig wäre, würde man erwarten, daß die Gebiete, in denen die meisten Hindus zum Islam wechselten, deckungsgleich mit den Regionen sind, in denen die islamische Herrschaft am längsten währte. Doch das Gegenteil ist der Fall: Die Territorien, die die höchste Konversionsrate aufweisen, nämlich der westliche Punjab und das östliche Bengalen, liegen an der Peripherie des Delhi-Sultanates und des Mogulreiches. In den Zentralregionen, d. h. den nördlichen Ebenen um den Ganges, ist hingegen ein viel schwächerer Grad des Bekenntniswechsels zu beobachten.

2. Die Bekehrung war kein wirklicher Glaubensakt, sondern erfolgte aus rein pragmatischen Gründen, sei es, weil man sich davon bessere Aufstiegschancen oder eine finanzielle Besserstellung versprach, oder sei es, weil man das eigene Gesellschaftssystem als zu eng empfand. Natürlich sind immer wieder Individuen zum Islam übergetreten, um weniger Steuern zu bezahlen oder bessere Karrieremöglichkeiten zu haben, doch kann man hier nicht von einer Massenbewegung sprechen. Eine wichtige Gruppe von Neomuslimen stellten in der Tat diejenigen dar, die sich im Laufe ihres Dienstes für Muslime islamisierten und schließlich die Religion ihrer Dienstherren annahmen. Die muslimische Elite war auf die Hilfe dieser Männer in der Verwaltung des Reiches auf allen Ebenen angewiesen und nahm die Konvertiten dankbar in ihren Reihen auf. Mit dieser These läßt sich sicher zum Teil die Islamisierung im Kernland erklären, aber auch hier bleibt die Frage bestehen, wie es zu den Massenübertritten in den Randzonen kommen konnte.

3. Die «Befreiungsthese»: Das Kastensystem der Hindus sei so diskriminierend und immobil gewesen, daß die unteren Kasten den Islam als eine tolerante Religion angesehen hätten. Um der brahmanischen Unterdrückung zu entkommen, hätten sich die hinduistischen Massen dem muslimischen Bekenntnis angeschlossen. Auch diese Theorie ist nur schwer zu halten, denn weder in Bengalen noch im Punjab war das Kastenwesen verbreitet.

4. Die einheimische Bevölkerung nahm den Islam im Laufe der Zeit überwiegend aufgrund sufischer missionarischer Aktivitäten an. Die Rolle des Sufismus bei der Bekehrung von Nicht-

muslimen ist dabei allerdings unterschiedlich interpretiert worden. So geht Richard Eaton davon aus, daß die ersten Mystiker in dieser von ihm als «Frontregion» aufgefaßten Gegend «warrior-sufis» gewesen seien, die sich mit ähnlichen Gruppierungen in Anatolien im 14. und in Iran im 15. Jahrhundert vergleichen ließen. Dieser Standpunkt läßt sich jedoch angesichts des von Eaton verwendeten Materials nicht halten.

Überzeugender sind die Thesen von Carl Ernst, der am Beispiel des Sufismus in Khuldabad in der Nähe von Dawlatabad aufzeigt, wie sich das Bild der Chishtis, also der dort lebenden Anhänger des Chishti-Ordens, in den Quellen im Laufe der Zeit wandelt. Die Chishtis, die entweder einem urbanen Milieu entstammten oder als zurückgezogene Lehrer wirkten, hatten zwar prinzipiell nichts gegen den Beruf des Soldaten einzuwenden, doch finden sich in den zeitgenössischen Quellen keinerlei Hinweise auf Militanz oder gar missionarische Aktivitäten. Die Tatsache, daß es keine aktive Mission gegeben hat, soll dabei nicht heißen, daß es keine Ausstrahlung auf die umliegenden hinduistischen Gruppen gegeben hätte.

Wenn in späteren Hagiographien und in der Hofchronistik des Mogulreiches dennoch die Militanz der Sufis hervorgehoben wird, so hat dies zwei Gründe. Auf der einen Seite proklamierte man im Laufe der Zeit viele Militärführer und Nichtsufis zu Heiligen, was zur Folge hatte, daß deren militärische Aktivitäten fortan zum Bestandteil ihrer Heiligkeit gehörten. Auf der anderen Seite zeichnete der imperiale Diskurs gerade des Mogulreiches das Bild der Sufis als Verkünder ihrer Herrschaft. Man wollte die Aura der sufischen Heiligkeit nutzen, um die eigenen Eroberungen zu legitimieren. Die Rolle der Sufis kam der von Agenten der imperialen Expansion gleich.

Konversion und Übertritt sind also schwierige Themen, vor allem wenn man auf die Randregionen des Mogulreiches schaut. Ein entscheidender Aspekt scheint mir zu sein, daß es an den Rändern des Reiches oftmals zu synkretistischen Vermischungen gekommen ist und es in vielen Gegenden niemals eine klare Trennung hinduistischer und muslimischer mentaler und religiöser Räume gegeben hat. Ein kurzes Beispiel mag dies verdeut-

lichen: In Bengalen vollzog sich während der Mogulzeit eine
langsame, aber stetige Verschmelzung muslimischer und hinduistischer Vorstellungen, die schließlich dazu führte, daß es
unabhängig von der toleranten Politik der Moguln gerade in
ländlichen Gegenden seit dem 17. Jahrhundert zum Bau zahl-
loser kleiner Moscheen und lokaler muslimischer Heiligtümer
kam. Zuerst jedoch wurden Symbolfiguren des islamischen
Glaubens in der lokalen bengalischen Kosmologie neben regionalen Gottheiten akzeptiert. Dann vermischten sich diese Träger
der Göttlichkeit, so daß etwa das muslimische Gotteskonzept
allah und die hinduistische Allgöttlichkeit *niranjan* ein und das-
selbe meint. Schließlich dominierten die muslimischen Vorstellungen die regionalen Konzepte, ohne sie jedoch zu ersetzen,
vielmehr entstand etwas Neues, Eigenständiges, das unter dem
Dach des muslimischen Glaubens Platz und Unterschlupf fand.

Wir haben das Glück, daß eine Sammlung bengalischer muslimischer Handschriften aus jener Zeit auf uns gekommen ist,
die das Werden einer solchen – hier nicht negativ, sondern vielmehr identitätsstiftend gemeinten – synkretistischen bengalisch-
muslimischen Vorstellungswelt verdeutlichen.

Dieses muslimische Schrifttum zeigt den subtilen und tief-
gehenden Versuch seiner Autoren, islamische Traditionen in Be-
griffen wiederzugeben, die in der Welt der bengalischen Gläubigen eine Bedeutung haben. Im mythisch-historischen Bereich
band man Charaktere der muslimischen Tradition enger an das
kulturelle Milieu Bengalens an, indem in den epischen und pura-
nischen Traditionen Parallelen für die muslimischen Geschichten gesucht wurden. Als wichtigstes Beispiel dieser Art mag das
Bemühen gelten, den Propheten selbst mit vergleichbaren Symbolfiguren hinduistischer Tradition in Bezug zu setzen.

Ebenso unterlagen die kosmologischen Schriften indigenen
Einflüssen. Die nichtmuslimischen Ideen dieser Kategorie bilden
einen Teil der aus Bengalen stammenden Literatur und basieren
auf verschiedenen Quellen, die dort populär waren. Hergestellt
wurden Zusammenhänge zwischen lokalen und islamischen
kosmologischen Ideen. Schöpfer und Geschöpf etwa wurden als
beiden Vorstellungswelten ähnliche ursächliche oder kosmische

Elemente bzw. als Symbole kosmischer Prinzipien und Prozesse gesehen. Auch auf dem Feld der Mystik bemühten sich die Verfasser dieser Texte schließlich darum, eine weitgehende Übereinstimmung von muslimischen und regionalen Traditionen herzustellen. Hierbei wird eine Synthese zwischen der klassisch-islamischen Variante des bedeutenden muslimischen Mystikers Ibn Arabi (1165–1240) einerseits und den lokalen Formulierungen, Symbolen und Techniken aus der yoga-tantrischen Tradition andererseits angestellt. Das Grundprinzip ist die Vorstellung von einem nur in Etappen zu bewältigenden mystischen Pfad zu Gott, der unter Anleitung eines befähigten und inspirierten Meisters beschritten wird.

Darüber hinaus hat dieser Synkretismus bengalisch-muslimischer mystischer Traditionen auch eine eigenständige Literaturgattung hervorgebracht: lyrische Kompositionen in Mittel-Bengalisch in Form des tief in der Region verwurzelten *pada*-Stils, also kurzer Gesänge visnuitischer Herkunft. Neben diesen eher anspruchsvollen Werken existiert eine Volksliteratur, die ohne große theoretische Kenntnisse islamische Vorstellungen rechtfertigt und mit lokalen Gegebenheiten in Einklang bringen will. Im Mittelpunkt dieses Schrifttums stehen Leben und Taten imaginärer oder tatsächlicher Heiliger (*pir*), also der populärsten Objekte alltäglicher Verehrung. Es ist häufig zu beobachten, daß das bengalische muslimische Volk lokale, hinduistische Gottheiten in solche Heilige umwandelte und diese über übernatürliche, segenbringende und heilende Kräfte verfügenden Personen so zu zentralen Figuren bei der Islamisierung Bengalens machte.

Die übliche Sichtweise, den Prozeß der Islamisierung auf regionaler Ebene mit dem Maß des klassischen Islams zu messen, wird einem sehr kreativen und komplexen Vorgang der kulturellen Interaktion zwischen einer von außen kommenden Religion und einer indigenen Kultur nicht gerecht. Die arabisch-persische Kultur der Eindringlinge konnte die Einwohner Bengalens nicht überzeugen. So mußten muslimische Autoren zur Vermittlung ihrer Vorstellungen eine Sprache im doppelten Sinne finden, um mit ihnen kommunizieren zu können: Zum einen waren sie gezwungen, sich das bengalische Idiom anzueignen, und zum an-

deren standen sie vor der Aufgabe, islamische Konzepte in bengalische Traditionen einzubinden. Daß sie damit Erfolg hatten,
zeigt nicht nur die gleichzeitig entstandene Volksliteratur, sondern vor allem auch die Bereitschaft einer großen Zahl von
Bengalis, sich mit dem anfänglich fremden Glauben zu iden-
tifizieren.

So haben wir es mit dem – für Indien sicher typischen – Fall
der Herausbildung eines regionalen muslimischen Synkretismus
in der Vormoderne zu tun. Anfangs bedeutete die Islamisierung
auf sozialer Ebene nicht mehr als einen Wechsel ehelicher und
genossenschaftlicher Verbindungen der Konvertierten, wohingegen kulturell gesehen die Trennung zwischen exogener «großer» islamischer Tradition und endogenen «kleinen» Traditionen
zunehmend in Frage gestellt wurde.

Erst im Laufe der Jahrhunderte entstand eine Art von «Kul-
turvermittlern», die ein synkretistisches Modell entwickelten,
um die durchbrochene Kontinuität der «kleinen» Traditionen
mit neuen Inhalten zu füllen. Das soll allerdings – dies sei hier
betont – nicht bedeuten, daß es überall eine synkretistische,
friedliche muslimisch-hinduistische Kultur gegeben hat. Die Teil-
nahme etwa von Hindus an muslimischen religiösen Aktivitäten
schloß nicht aus, daß es gleichzeitig in der gleichen Region auch
zu massiven Auseinandersetzungen zwischen Hindus und Muslimen kommen konnte.

Kultur.   Babur war, wir wir sahen, ein Mann aus dem timuri-
disch geprägten Zentralasien. Das Milieu, dem er entstammte,
seine Erziehung und sein Umfeld waren tief in der persischen
Kultur verwurzelt. Dem Bewußtsein dieses Ursprungs ist es zu
verdanken, daß sich die Moguln von Beginn ihrer Herrschaft in
Indien an als Träger dieser Kultur verstanden und dafür sorgten,
daß dieses Erbe auf dem Subkontinent tradiert und weiterent-
wickelt wurde.

Dabei konnte man auf eine etablierte Tradition zurückgreifen.
Bereits zu Zeiten des Delhi-Sultanates und dann unter den Lodis
war Persisch die Sprache des Hofes und der Administration.
Jeder gebildete Muslim kannte wenigstens Saʿdis (gest. 1292)

Gulistan («Rosengarten») und *Bustan* («Obstgarten»), die Verse
aus der Feder von Hafiz (gest. 1379/80) und Firdawsis *Shah-
nama* («Königsbuch»). Die Großemire konnten sich in diesem
Idiom eloquent ausdrücken und selbst das eine oder andere
Gedicht verfassen. Der Lehrplan einer Medrese, also einer islamischen Hochschule, aus Sikandar Lodis Zeiten umfaßte die
Fächer persische Rhetorik, Grammatik, Stilistik, Prosodie, Sil-
benlehre und allgemeine Weltkenntnis (*adab*). Hinzu kamen
noch Mathematik, Medizin und kalligraphische Übungen. Obgleich Persisch die Verwaltungs- und Kultursprache des Mogulreiches war, muß man bedenken, daß es nur ein kleiner Kreis
der Machtelite als Muttersprache hatte.

Babur selbst hat uns unter anderem eine Autobiographie
(*Vaqa'i'* = «Ereignisse [aus meinem Leben]») hinterlassen, die
zweifellos zu den bedeutenden Werken der Weltliteratur gezählt
werden muß. Die Sprache dieses Buches ist Baburs Muttersprache, eine Variante des Türkischen, der Orientalisten später den Namen «Chaghatay-Türkisch» gegeben haben. Dieses
Türkisch hatte sich in Zentralasien in der zweiten Hälfte des
15. Jahrhunderts als dem Persischen ebenbürtige Literatursprache durchgesetzt. Entscheidenden Anteil an dieser Entwicklung hatte der Dichter und Gelehrte Nava'i, in dessen Herater
Haus Babur ja, wie wir weiter oben sahen, eine Weile wohnte.
Gefördert wurde der Trend zudem von Nava'is Patron, dem
timuridischen Sultan Husayn Bayqara, der damit auch eine kulturelle Scheidelinie zwischen der türkischen Elite und den iranischen Beamten und Literaten an seinem Hof errichten wollte.
Neben persischsprachigen Zusammenkünften führte er rein türkische Versammlungen ein.

Baburs Memoiren gliedern sich in drei etwa gleich große
Teile, wobei durchweg eine chronologische Anordnung den
Stoff strukturiert. Nur an einigen Stellen, etwa wenn er Einzel-
personen und ihre Vorfahren näher erläutern möchte, springt
der Autor in seiner Erzählung zwei, drei Generationen zurück.
Der narrative Fluß wird auch dann unterbrochen, wenn es Babur für angebracht hält, dem Leser die Geschichte eines Ortes
ausführlicher zu präsentieren.

Der erste Teil der «Ereignisse (aus meinem Leben)» handelt von Baburs Kindheit und Jugend, also von seiner Thronbesteigung mit zwölf Jahren 1494 bis zu seiner Flucht aus Transoxanien im Jahre 1503. Ganz offensichtlich ist dieser Abschnitt seiner Autobiographie von ihm sorgfältig redigiert worden. Das sieht man daran, daß zusätzliches historisches Material an geeigneten Stellen eingefügt ist, alle Personen beschrieben und vorgestellt und Gedichte behutsam in den Text eingestreut werden. Der Bericht ist stilistisch geglättet und wirkt wie aus einem Guß. Gleiches gilt auch für den zweiten Part, der mit dem Einmarsch in Kabul 1504 einsetzt und bis zum Feldzug nach Indien 1525/26 reicht. Hier gibt es allerdings in den auf uns gekommenen Manuskripten zwei große Lücken: Die Zeit vom Mai 1508 bis Anfang Januar 1519 fehlt ebenso wie die Schilderung der Begebenheiten aus dem Zeitraum von Dezember 1519 bis Ende Oktober 1525. Der Schluß des Werkes, der mit der Beschreibung der Ereignisse Ende 1526 einsetzt und dann bei der Schilderung der Geschehnisse von Anfang September 1529 abrupt mitten im Satz abbricht, wirkt wie ein Rohmanuskript. Es scheint, als ob Babur diese Seiten direkt aus seinem Tagebuch übertragen hat mit der Absicht, sie später noch einmal ausführlich zu bearbeiten.

Baburs Memoiren sind natürlich wie jede Autobiographie mit Vorsicht zu bewerten, wenn man man Rückschlüsse vom Text auf den Autor ziehen möchte. Babur berichtet die Geschichte von seiner Kindheit bis in die letzten Jahre seines Lebens, ohne sich Mühe zu geben, seine Schwächen, Fehler und Niederlagen zu vertuschen. Er hat keine Verteidigungsschrift vorgelegt, in der er sein Leben zu rechtfertigen sucht, sondern er berichtet in sachlichem Ton von ihm wichtig erscheinenden Vorkommnissen. Natürlich ist er nicht unparteiisch, wenn es um Freund und Feind geht. So nutzt er jede Gelegenheit, seinen Erzrivalen Shaybani Khan zu verunglimpfen und dessen Erfolge als rein dem Zufall geschuldet darzustellen.

Der Autor verfügt insgesamt über eine gute Beobachtungsgabe und einen scharfsinnigen Verstand. In dem Text finden sich wunderbare Naturbeschreibungen, hochinteressante völker-

Babur diktiert in einem Garten in Indien seine Memoiren. Seit dem 15. Jahrhundert wurden im persischsprachigen Raum für Herrscher Sammlungen einzelner Bilder oder Zeichnungen in Alben zusammengefaßt. Die hier wiedergegebene Miniatur stammt aus einer der zahlreichen Blattsammlungen aus der Zeit Jahangirs (Rampur, um 1610).

psychologische Betrachtungen und sehr plastische Charakterisierungen bedeutender Männer und Frauen. Auffällig ist Baburs Fähigkeit, sich selbst und sein Handeln aus einer angenehm kritischen Distanz heraus zu sehen. Insgesamt erfahren wir doch viel über das Leben, Denken und Fühlen der Elite, deren Repräsentant er war. Die «Ereignisse (aus meinem Leben)» sind ein literarisches Werk, über dessen große Vorzüge Babur selbst nur allzu gut Bescheid wußte. Ganz unbescheiden unternahm er viel, um es bekannt zu machen und auf diese Weise seinen Ruf als herausragender Autor und Poet zu verbreiten. Gegen Ende seines Lebens ließ er daher zahlreiche Abschriften unter seinen Söhnen und seinem engeren Gefolge verteilen.

Auf Dauer setzte sich das Türkische im Mogulreich als Literatursprache nicht durch. Bereits zu Zeiten Humayuns, der viele Iraner mit nach Indien brachte, schwanden die zentralasiatischen und türkischen Elemente am herrscherlichen Hof. So ist es nur konsequent, wenn Baburs Enkel Akbar dessen Memoiren später ins Persische übersetzen ließ.

Einen guten Eindruck von den Beschäftigungen gebildeter Zentralasiaten des 16. Jahrhunderts bekommt man, wenn man sich auch die Werke anschaut, die Babur neben seiner Autobiographie noch verfaßt hat. Da findet sich ein – an Nava'is *Mizan al-awzan* («Das Abwägen der Versmaße») angelehntes – Buch über die türkisch-persische Verslehre aus dem Jahre 1528. Als Anschauungsmaterial dienen von Babur selbst verfaßte Gedichte. Des weiteren ist ein 1521/22 vollendetes didaktisches Poem über grundlegende Probleme des hanafitischen Rechtes und militärische Fragen erhalten. Darüber hinaus übersetzte Babur auf Geheiß seines Vaters eine kurze persische Abhandlung in Versen über sufische Ethik von Khwaja Ubayd Allah Ahrari ins Türkische. Und schließlich hat er einen umfangreichen Diwan, also eine Sammlung seiner Gedichte, hinterlassen. Der größte Teil der Verse ist auf Türkisch, der Rest auf Persisch verfaßt. In den auf uns gekommenen Kopien gibt es bedauerlicherweise keine von dem Autor selbst vorgenommene Ordnung.

In der Verskunst stand Babur nicht hinter anderen Poeten des 15. Jahrhunderts zurück. Er drückt seine Gefühle und Gedanken in unaffektierter Weise und in sicherem Stil aus. Seite an Seite mit sufischen Liebes- und Weingedichten finden sich Poeme über ganz alltägliche Begebenheiten. Häufig betont Babur die Bedeutung und kulturelle Überlegenheit der Türken, zu denen er sich selbst nur allzu gerne und voller Stolz zählt. Baburs Kinder erbten offenbar sein dichterisches Talent. So waren Hindal, Kamran Mirza, Muhammad Askar und Gulbadan Begum versierte Poeten, und auch Humayun, sein Sohn und Nachfolger, hinterließ einen hochgeschätzten Diwan.

Neben seinen literarischen Fähigkeiten besaß Babur auch kalligraphisches Geschick. Er entwickelte eine neue Schriftart, *khatt-i Baburi* genannt, die dadurch gekennzeichnet ist, daß die arabischen Buchstaben einzeln und unverbunden geschrieben werden. Zu guter Letzt zeigen Baburs Bemerkungen zu Instrumenten und Sängern ein gesteigertes Interesse und Verständnis der zeitgenössischen Musik.

Kommen wir nun noch kurz zu den (nicht besonders gut erhaltenen) repräsentativen muslimischen Bauwerken im Nordindien des ausgehenden 15. und der ersten Hälfte des 16. Jahrhunderts. Die Suris setzten gewisse Traditionen der Lodis fort. Waren vor den Lodis Grabbauten den Herrschern, Angehörigen der herrscherlichen Familie und berühmten Heiligen vorbehalten, so stieg unter ihrer Patronage die Zahl der Mausoleen sprunghaft an. Obgleich wir es mit nur drei Herrschern zu tun haben, wissen wir von über einhundert entsprechenden Bauten allein in und um Delhi. Letztlich hängt dieser Boom mit dem oben bereits skizzierten Herrschaftsverständnis der Afghanen zusammen. Nicht dem Sultan allein gebührt die Macht, sondern alle Warlords haben gleichberechtigten Anteil daran.

Sher Shah Sur beendete in den 1540er Jahren diese Tradition und errichtete nur für sich und seine Vorfahren riesige Grabmäler als unmißverständliches Zeichen seines absoluten Herrschaftsanspruches. Diese Monumentalbauten dienten dazu, seinen Status als muslimischer Herrscher zu erhöhen. Er stammte nämlich weder aus einer mit Timur noch mit Chingis Khan verwandten Familie. Um diesen Makel auszumerzen, ließ er konstruierte Genealogien verbreiten, aus denen eben doch seine edle Abstammung hervorgehen sollte. Das riesige oktogonale, 1545 fertiggestellte Mausoleum in Sasaram war der größte Grabbau, den Indien bis dahin gesehen hatte. Mitten in einem künstlich angelegten See gelegen, weckte das Ensemble die Vorstellung von den paradiesischen Wassern, die im Koran beschrieben werden. Auch die achteckige Grundform spielt auf die acht Ebenen des Garten Edens an. Außer dem Mausoleum existiert aus der Zeit Sher Shah Surs nur noch die heute unter dem Namen Purana Qal'a bekannte Zitadelle in Delhi mit ihrer prachtvollen einschiffigen Freitagsmoschee. Die Burganlage, die wohl von Humayun begonnen und seinem afghanischen Widersacher um 1540 beendet wurde, erinnert stark an Bauten aus der Zeit des Sultans Ala ad-Din Khiljis (reg. 1296–1316). Überhaupt scheint sich Sher Shah Sur in vielerlei Hinsicht an diesem Herrscher, der für seine Reformen und seine erfolgreiche Regierungszeit bekannt war, orientiert zu haben.

Weder die Suris noch die ersten Mogulherrscher schenkten den nichtislamischen architektonischen Traditionen in Nordindien große Aufmerksamkeit. Vielmehr brachten Babur und Humayun iranisch-zentralasiatische Vorstellungen mit auf den Subkontinent. Von den Timuriden übernahmen sie einen Hang zur prachtvollen Außendarstellung und einen ausgeprägten Sinn für die bauliche Umsetzung geometrischer Proportionen. Ferner setzten sie eine uralte iranische Tradition fort, nämlich die Einrichtung ausgeklügelter Gartenanlagen. Begeistert schreibt Babur in seinen Memoiren von den *char bagh* («viergeteilte Anlagen») genannten Gärten in Herat. Im Februar 1526 entdeckte er in der Nähe des Flusses Ghaghara einen Platz, der ihm für eine solche Anlage ideal erschien. Der von ihm daraufhin in Auftrag gegebene Garten wurde 1528/29 vollendet. Leider ist er heute nicht mehr erhalten. Die an das Paradies erinnernden Grünflächen scheinen für Babur ein Ausgleich für das schier unerträgliche indische Klima gewesen zu sein. Das fließende Wasser, das man für jede Anlage benötigte, wurde mit Hilfe persischer Wasserräder aus zum Teil weit entfernt liegenden Quellen herbeitransportiert. Innerhalb der Anlagen baute man Bäder, die von außen mit kaltem und heißem Wasser versorgt wurden. Von den nordindischen Gärten können wir noch zwei mit Sicherheit Babur zuschreiben. Der eine befindet sich in Agra, der andere, sein «Bagh-i Nilufar» oder «Lotusgarten», etwa 50 km entfernt in Dholpur.

Einigen Bemerkungen, die Babur in seiner Autobiographie macht, kann man entnehmen, daß er den Bau von Palastanlagen und Moscheen für weniger wichtig als die Anlage von Gärten hielt. Er selbst schlug sein Zelt so oft es ging an solchen Plätzen auf. Aber natürlich hat Babur auch andere Bauten errichten lassen. Immerhin standen 1500 Steinmetze in seinen Diensten. Auch hier legte er großen Wert darauf, daß sich die Gebäude an timuridische Vorbilder anlehnten. Überdauert haben aus seiner Regierungszeit eine Moschee an dem Ort Panipat, an dem er zwei Jahre zuvor die Entscheidungsschlacht gegen die Rajputen gewonnen hatte, aus dem Jahre 1527/28 und ein Gotteshaus in dem etwa 140 km östlich von Delhi gelegenen Sambhal. Die bekannteste Moschee ist aber natürlich die von Mir Baqi in Ayodhya am Ghaghraufer errichtete, die, wie weiter oben bereits erwähnt, 1992 Hindus niederrissen. Der Moscheetyp folgte mit seinen vier Hallen und seinem durch ein Portal zugänglichen Gebetsraum mittelasiatischen Vorbildern. Von den Bauten, die unter Humayun entstanden, ist außer einer einzigen Moschee in Agra aus dem Jahre 1530 nichts mehr übrig.

Interessanterweise weisen andere Bauten, die in und um Delhi auf nichtherrscherliche Weisung hin entstanden, kaum timuridische Elemente auf. Vielmehr ist hier eine Fortsetzung des Lodi-Stils erkennbar. Das bedeutsamste Beispiel ist sicherlich der von Baburs Schwager restaurierte Schrein um das Grab des berühmten Chishti-Mystikers Nizam ad-Din Awliya (gest. 1325).

Geschichtsschreibung.   Welchen Anteil hatten die ersten Moguln am Aufbau einer einheitlichen Zentralverwaltung? Man hat lange vermutet, daß nicht Babur oder Humayun, sondern der afghanische Interimsherrscher Sher Shah energisch Reformen zur Umstrukturierung der Administration in die Wege geleitet und damit die Basis für die später von Akbar getroffenen Maßnahmen gelegt hat. Diese These ist jedoch nur schwer zu halten,

denn der einzige, der uns von den Glanztaten Sher Shahs ausführlich berichtet, ist ein Chronist namens Abbas Khan Sarvani
(gest. bald nach 1586). Aber können wir dieser Quelle Glauben
schenken?

Abbas Khan Sarvanis *Ta'rikh-i Shershahi* («Die Geschichte
der Sher-Shah-Zeit») bildet eigentlich das erste Kapitel des
dritten Teiles einer Chronik unter dem Titel *Tuhfa-yi Akbarshahi*
(«Ein Geschenk für den Herrscher Akbar»), die – so entnehmen
wir jedenfalls dem Vorwort – eine ausführliche Darstellung der
Zeiten der nordindischen Lodi- und der Sur-Dynastie gewesen
ist. Der erhaltene Teil hingegen ist allein eine genaue Lebens-
beschreibung Sher Shahs, also des Humayunschen Erzrivalen.
Abbas Khan Sarvani scheint sein ursprünglich geplantes Werk
nicht vollendet zu haben, zumindest ist es nicht noch einmal
überarbeitet worden. Im Gegensatz zu dem im Zusammenhang
mit Humayun bereits genannten Jauhar war Abbas Khan Sarvani kein Zeitgenosse seines Helden. Dennoch hatte Abbas
Khan Sarvani aufgrund seiner verwandtschaftlichen Verbindungen zu Sher Shah ein ganz persönliches Interesse an dessen Person. Bei der Abfassung seiner Chronik mußte er sich aber auf
die Aussagen derjenigen verlassen, die noch unter dem Sur-Herr-
scher gedient und gelebt hatten. Aus diesem Grund befragte er
nicht nur Bekannte und Freunde, deren Väter diese Zeit aus
eigener Anschauung kannten, sondern interviewte auch seinen
eigenen Vater, Großvater und andere ältere Verwandte.

Vor uns liegt somit ein ausführlicher Bericht über das Leben
und die Taten Sher Shahs. Abbas Khan Sarvani gibt uns folgendes Bild des Afghanenführers: Sher Shah Sur wird unter dem
Namen «Farid ad-Din» geboren und wächst in der Nähe von
Jawnpur auf, wo sein Vater, Miyan Hasan Sur, 1496 von einem
der Lodi-Notabeln unter anderem den Bezirk von Sahsaram als
Pfründe erhalten hat. Das Verhältnis zwischen Vater und Sohn
ist – wie Abbas Khan Sarvani zu berichten weiß – sehr gespannt.
Schon früh hat sich Farid Khan mit seinem Erzeuger überworfen
und ist ohne dessen Genehmigung zum Studium nach Jawnpur
gezogen. Dennoch übernimmt Farid ad-Din kurz darauf einige
der Verwaltungsaufgaben seines Vaters. Bei dieser Gelegenheit

habe Farid ad-Din seinem Vater angeblich eine – von Abbas Khan wortwörtlich wiedergegebene – lange Rede darüber gehalten, wie die vernünftige Administration eines Distriktes auszusehen habe.

Solche in die Erzählung eingebauten langen didaktischen Reden, die die Vorbildlichkeit der Herrschaft Farid ad-Dins zeigen sollen, sind ein stilistisches Hauptmerkmal des *Ta'rikh-i Shershahi*. So habe Farid ad-Din gleich im Anschluß an die Übergabe des Distriktes alle Dorfvorsteher, Bauern, Steuerbeamten und Soldaten zusammenrufen lassen, um vor jeder Gruppe eine Ansprache zu halten, in der er ihnen das seinem Vater gegenüber geäußerte Konzept erläutert und sie zu guter Zusammenarbeit auffordert. In allen Reden und auch in den kürzeren Berichten fungieren aphoristisch anmutende Verse zur Hervorhebung der Allgemeingültigkeit des Gesagten. Farid ad-Dins – von Abbas Khan Sarvani als vorbildlich und geradezu revolutionär dargestellte – Umstrukturierungsmaßnahmen stoßen allerdings nicht überall auf Zustimmung. In sehr anschaulicher Weise wird im folgenden berichtet, wie die Mutter zweier Halbbrüder Farid ad-Dins seinen Vater Miyan Hasan in einer emotional anrührenden Klagerede dazu bringt, ihren Söhnen Sulayman und Ahmad die Verwaltung der beiden Distrikte zu überlassen und Farid abzusetzen. Als dieser von dem Komplott erfährt, zieht er sich aus dem Administrationsgeschäft zurück. In einem ebenfalls wörtlich wiedergegebenen Briefwechsel zwischen Vater und Sohn will der Sohn erfahren, warum man ihn entlassen habe. Miyan Hasan gesteht ihm, daß seine Handlungsweise auf seine Willensschwäche zurückzuführen sei. Er habe sich einfach nicht gegen die permanenten Zudringlichkeiten der Mutter Ahmads und Sulaymans zur Wehr setzen können. Enttäuscht zieht Farid ad-Din nach Kahanpur, um sich seinen dortigen Verwandten – vor allem Ibrahim Khan Sarvani – anzuschließen.

Mit Hilfe von Briefen, Anekdoten, Versen, Reden und der Beschreibung der emotionalen Zustände der Protagonisten gelingt es Abbas Khan Sarvani, einen sehr anschaulichen Bericht zu geben und die Persönlichkeit Farid ad-Dins – natürlich stark idealisiert und damit in gewisser Hinsicht auch klischeehaft – zu entwickeln.

Farid ad-Din und Miyan Hasan Sur gehören zu einem kleinen afghanischen Stamm, dessen Heimatregion ursprünglich bei Ruh an der nordwestlichen Grenze zu Indien lag. Von dort aus sind ihre Vorfahren einige Generationen zuvor – gleichzeitig mit den ebenfalls aus Afghanistan kommenden Lodis (sie regierten von 1411 bis 1526) – nach Nordosten gewandert, bis sie schließlich Bihar und Bengalen erreichten. Die Verbindungen zum Mutterland bleiben über die Zeit hinweg bestehen, so daß man im Bedarfsfall von dort neue Soldaten rekrutieren kann.

Der Dienst Farid ad-Dins bei Ibrahim Khan Sarvani endet mit dessen Tod in der Schlacht von 1520 gegen den Rajputenführer Rana Sanga (reg. 1509–1528) von Mevar. Doch bereits nach kurzer Zeit hat Farid ad-Din in Sultan Ibrahim Lodi (reg. 1517–1526) einen neuen Herrn gefunden, dem er treu zur Verfügung steht, bis auch jenen der Tod ereilt. Er fällt im Kampf gegen Baburs Truppen 1526 bei Panipat. Wie zu dieser Zeit üblich, können sich die überlebenden Verlierer einer solchen militärischen Katastrophe ohne weiteres dem Sieger anschließen. Insofern mag es uns auch nicht überraschen, daß wir Farid ad-Din, der inzwischen für seine Tapferkeit im Feld den herrscherlichen Ehrentitel «Sher Khan» erhalten hat, alsbald auf der «Gehaltsliste» des Mogulführers wiederfinden. Von Abbas Khan Sarvani wird diese Zeit so dargestellt, als ob Sher Khan seinen Aufenthalt bei den Moguln nur dazu benutzt habe, den späteren Feind kennenzulernen. In Vorausschau der eigenen kommenden Größe habe er bereits zu diesem Zeitpunkt zu seinen afghanischen Kameraden gesagt:

> Wenn das Glück mir hold wäre und das Schicksal es gut mit mir meinte, würde ich die Moguln mit Leichtigkeit aus Indien vertreiben.

Vorzeichen künftiger Herrschaft seien – so unser Autor weiter – auch Babur aufgefallen. Nach dem Abfall von Babur gelingt es Sher Khan, der sich anfangs formal in den Dienst des bengalischen Herrschers Mahmud Shah (reg. 1534–1538) stellt, innerhalb kurzer Zeit, von der Festung Chunar aus in Bihar eine eigene Machtbasis aufzubauen. Abbas Khan Sarvani berichtet uns weiter, daß sich Sher Khan in Chunar gegen die Truppen des neuen Mogulherrschers Humayun verteidigen muß, als dieser nach seinem Sieg über Mahmud Shah mit der Belagerung der Festung beginnt. Als Sher Khan ihm jedoch seine Dienste anbietet, akzeptiert Humayun die Offerte und überläßt ihm die Stadt als Pfründe. Als ein Führer, der stolz auf seine ethnische Zugehörigkeit ist, legt Sher Khan – so Abbas Khan Sarvani – in der Folgezeit großen Wert auf den Aufbau einer hauptsächlich afghanischen Armee.

Sher Khans Machtposition in Bihar und Bengalen vergrößert sich rasch. Im Namen Humayuns schlägt er Sultan Mahmud Shah. Dennoch will ihm Humayun Bengalen nicht überlassen. Er straft ihn – nach Aussage Abbas Khan Sarvanis – im Gegenteil mit Nichtachtung. Wiederum mit Hilfe einer fiktiven Rede Sher Khans an einen Gesandten Humayuns will uns Abbas Khan Sarvani nur wenige Seiten weiter in seiner Erzählung suggerieren, daß Sher Khan dem Mogulherrscher selbstverständlich immer treu zur Seite gestanden hätte, hätte dieser ihn nicht willentlich verprellt. Humayun marschiert also an der Spitze eines Heeres nach Gaur. Auf dem Rückmarsch wird er jedoch von Sher Khan angegriffen und muß große Verluste hinnehmen. Nach einigen militärischen Vorbereitungen findet 1540 bei Kanauj eine erste Entscheidungsschlacht zwischen Moguln und Afghanen statt. Humayun muß fliehen, und Sher Khan, der sich nunmehr Sher Shah nennt, zum neuen Machthaber in Agra proklamieren und Münzen in seinem eigenen Namen schlagen sowie die Freitagspredigt in seinem Namen halten läßt, nimmt die Verfolgung seines nach Agra geflohenen Gegners auf. In einer weiteren Schlacht gelingt es ihm, Humayun abermals zu besiegen. Auch hier wird die Spannung und damit die Kurzweiligkeit der Lektüre durch die Einflechtung einer durchaus feurigen Ansprache Sher Khans vor dem Kampf an seine Soldaten erhöht.

Humayun muß nach Lahore und später nach Persien fliehen. Nun ist Sher Shah der Herrscher über ganz Nordindien. Es beginnt die Zeit seiner fünfjährigen Regentschaft in Delhi und Agra. Als neuer Pad(i)shah nimmt er – so Abbas Khan Sarvani weiter – in den ersten Jahren seiner Herrschaft die Ausschaltung einiger letzter hartnäckiger Gegner in Angriff, um danach einen erfolgreichen Feldzug gegen Mallu Khan Qadir Shah (reg. 1533–1542) durchzuführen. Der anschließende unglückliche Tod Sher Shahs während der Belagerung von Kalinjar im Jahre 1545 kommt für alle Beteiligten überraschend. Schnell bestimmt man seinen Sohn Islam Shah (reg. 1545–1554) zum neuen Machthaber, doch kann dieser, wie auch später seine Nachfolger, das Reich nicht stabilisieren. Erst dieser Umstand ermöglicht es Humayun, 1555 erneut nach Indien vorzurücken, die Afghanen bei Sirhind zu besiegen und im Juli 1555 triumphal in Delhi einzumarschieren.

Abbas Khan Sarvani beschließt seine Chronik mit einer längeren Darstellung der Leistungen und Verdienste seines Helden Sher Shah. In dieser monologischen Skizze eines idealtypischen muslimischen Herrschers aus der Sichtweise eines allwissenden Erzählers kommt noch einmal die ganze rhetorische Beschlagenheit des Autors des *Ta'rikh-i Shershahi* zum Tragen. Der Verfasser suggeriert uns, daß Sher Shah auch in religiösen Belangen ein stets vorbildlicher Machthaber gewesen sei. Zur Untermalung seiner eigenen Charakteristik legt er dem Herrscher Aphorismen in den Mund, die auf die zeitlose Gültigkeit seiner Herrschaftsform hinweisen sollen. Bisweilen habe Sher Shah solche fürstenspiegelartigen Handlungsanweisungen so sehr verinnerlicht, daß er sich selbst durch ihre stete Vergegenwärtigung immer wieder zum rechten Herrschen angespornt hätte. In seinem Schlußteil präsentiert uns Abbas Khan Sarvani unter anderem die verschiedenen von Sher Shah eingeführten administrativen Neuerungen:

Die Regeln zur Eintreibung der Steuer von den Untertanen und zum Wachstum der Bevölkerung im Reich waren dergestalt, daß man in jedem Unterdistrikt (*pargana*) einen *shiqq-dar*, einen *amin*, einen Schatzmeister (*darugha*) und einen des Hindi sowie einen des Persischen mächtigen Beamten einstellte. Ihnen war befohlen worden, jedes Jahr wieder das kultivierte Land zu vermessen und diesen Vermessungen entsprechend dann die Abgaben einzuziehen. Dabei sollten sie im Auge haben, daß kein Dorfvorsteher (*muqaddam*) oder Steuereintreiber (*ummal*) die wehrlosen Bauern, die das Rückgrat des Wohlstandes sind, unterdrückt. Vor dieser Zeit war es nicht üblich, das Land jährlich zu vermessen. In jedem Unterdistrikt gab es einen Offiziellen (*qanungu*), der über dessen vergangenen, gegenwärtigen und möglichen künftigen Zustand Bericht abstattete. In jedem Distrikt (*sarkar*) wurde ein oberster Verwaltungsfachmann (*shiqq-dar*) und ein oberster Finanzer (*munsif*) ernannt, die auf die Interessen der Unterdistrikte achtgeben sollten, damit man die dortigen Untertanen nicht unterdrückte und tyrannisierte oder die Steuereinnahmen unterschlug. Wenn es zu irgendwelchen Unstimmigkeiten bezüglich der Unterdistriktgrenzen oder anderer Fragen kam, sollten sie beseitigt werden, damit in den Angelegenheiten des Reiches keine Unruhe entstünde. Falls irgendwelche illoyalen Männer oder Rebellen Ärger während der Zeit der Steuereintreibung verursachten, sollte man sie umbringen und ausrotten, indem man sie so bestrafe, daß das Übel ihres Aufstandes sich nicht unter den anderen ausbreiten könne.

Abbas Khan Sarvani läßt vor unseren Augen einen islamischen Musterstaat entstehen: Ein Sicherheitsnetz von Posten und Garnisonen zur Aufrechterhaltung der Ordnung durchzieht Bengalen. An jedem Ort gibt es einen Gerichtshof, an dem Untertanen, die der Meinung sind, ihnen sei ein Unrecht widerfahren, Klage einreichen können. Allerorten sieht man Karawansereien, an denen Hindus und Muslime in getrennten Räumlichkeiten gut versorgt werden. Das ausgedehnte Straßensystem sorgt für ein angenehmes, schnelles Reisen. Die harte Bestrafung der Verbrecher, Wegelagerer und Straßenräuber gewährleistet die Sicherheit der Händler und der Fahrensleute. Zollpunkte im Osten und Westen des Reiches regeln die Kontrolle der Ein- und Ausfuhren und bescheren der Regierung ein beständiges Einkommen. Schließlich kommen auch die Armen des Landes nicht zu kurz: Öffentliche Armenspeisungen sind in den Städten an der Tagesordnung. Rebellionen sind auch selten geworden, da ein funktionierendes Nachrichten- und Spionagewesen die Aufstände im Keim erstickt. Geleitet wird dieses Idealreich durch die von Sher Shah bevorzugt behandelten Afghanen.

Der *Ta'rikh-i Shershahi* ist aufgrund der Fülle der in ihm zum Ausdruck kommenden rhetorischen Mittel insgesamt ein (durchaus auch heute noch) unterhaltsames und kurzweiliges Werk. Ob die in ihm geschilderten Zustände und Begebenheiten auch tatsächlich dem Empfinden der Zeitgenossen entsprachen, mag dahingestellt sein. Wir können zumindest lebhaften Anteil an Abbas Khan Sarvanis Perzeption der Ereignisse nehmen.

2. Herrscher aller Menschen

Die Zeit Akbars des Großen
(1556–1605)

Akbar war sicherlich der bedeutendste Machthaber des Mogulreiches, sowohl in politischer als auch in intellektueller Hinsicht. Sein Versuch, die beiden großen Religionen seines Reiches – den Islam und den Hinduismus – auf einen gemeinsamen Nenner zu bringen, ist zwar von vielen modernen Forschern bewundert worden, doch stießen diese Ambitionen bei zahlreichen Zeitgenossen auf Unverständnis und Ablehnung. Eine der Stützen dieses kühnen Experimentes war sein Chronist und engster Berater Abu l-Fazl Allami (gest. 1602). Dieser gehört zu den wenigen Historikern, die nicht nur über lange Zeit hinweg eine überaus enge Beziehung zu einem der Mogulherrscher aufrechterhalten konnten, sondern darüber hinaus auch auf der politischen Ebene zu den wichtigen Figuren ihrer Zeit zählten. Er verteidigte den Synkretismus seines Oberherren zum einen in den öffentlichen Debatten mit den konservativen Religionsgelehrten. Zum anderen schuf er mit seiner Reichschronik, die er auf Geheiß Akbars im Jahre 1589/90 begann, ein die Zeiten überdauerndes Monument der Rechtschaffenheit und Genialität des Pad(i)shahs. Akbar, so der Chronist, sei nicht nur der beste Herrscher, sondern auch der perfekte Mensch (*insan-i kamil*), der aufgrund seiner erfolgreichen Gottsuche den Schleier zwischen Exoterischem und Esoterischem zerreißen konnte. Im Zentrum der von ihm verfaßten *Akbar-namas* («Chronik der Herrschaft Akbars») – beinahe in jeder Zeile – steht somit eine ganz bestimmte Vorstellung von Autorität und Legitimität. Das Ziel Abu l-Fazls rhetorischer Bemühungen war es, die Überlegenheit seines Herren über alle Menschen aufzuzeigen.

Ein Zentralreich entsteht.   Es ist oft gesagt worden, daß das Mogulreich unter Akbar, also dem dritten Mogulherrscher, zu einem
zentralisierten Herrschaftsgefüge zusammengewachsen sei. Diese Meinung ist sicherlich weitgehend berechtigt, denn unzweifel-
haft reichte der Arm der Zentralbehörden spätestens unter Shah
Jahan bis in entlegene Gebiete an der Peripherie. Allerorten ist
die Verstetigung der Mogulverwaltung spürbar. Auch die Staats-
einnahmen fließen kontinuierlich an zentralem Orte zusammen,
wo sie empfangen, verzeichnet und nach einem komplexen
Schema verteilt werden. Die Aufgabenbereiche der einzelnen Be-
hörden scheinen wohl definiert, und die Machtelite erweckt den
Eindruck einer auf die Person des Herrschers ausgerichteten
und einer gemeinsamen Ideologie verpflichteten Gruppe.

Das Zentrum des Mogulreiches bildete der Herrscher. In seiner Hand liefen die Fäden der Verwaltung zusammen. Er selbst
sah sich in der islamischen Tradition als Kalif, als «Führer der
Gläubigen», was immer zugleich bedeutete, daß auch er nur
einer der Gläubigen war und somit in allen seinen Handlungen
dem islamischen Recht, der Scharia, unterlag. Normalerweise
waren allein die Religionsgelehrten Sachwalter der Dogmatik
und der Jurisprudenz. Nur Akbar und Jahangir unterliefen diese
«Gewaltenteilung», indem sie sich selbst zu legitimen Interpreten
der Scharia erklärten. Im Gegensatz zu ihren Vorgängern – die
Herrscher des Delhi-Sultanates erkannten formal noch die Oberhoheit des abbasidischen Kalifates an – war die Annahme des
Kalifentitels legal, da die Idee, daß ein souveräner Herrscher
sich in seinem Gebiet Kalif nennen durfte, zumindest von
einigen islamischen Rechtsschulen anerkannt worden war. Auf
diese Weise durch die Scharia zwar formal begrenzt, war ihre
Machtausübung im administrativen Bereich jedoch absolut.
Keine wichtigere administrative Entscheidung konnte ohne die
Zustimmung des Herrschers gefällt werden. Selbst noch so
kleine und unwichtige Angelegenheiten wurden ihm vorgelegt.
Sämtliche im Verwaltungsapparat tätige «Beamte» waren faktisch ihm und nur ihm persönlich unterstellt. Sein Tagesablauf
war minutiös vorgeschrieben, die meiste Zeit nahmen Regierungsgeschäfte in Anspruch.

Ein Herrscher konnte nicht alles selbst bestimmen, geschweige denn kontrollieren. Somit schuf er sich einen – der Provinzverwaltung übergeordneten – zentralen Verwaltungsapparat von «Ministern», die ihm in seiner unmittelbaren Umgebung zur Verfügung standen. Das Haupt dieser zentralen Administration war der Premierminister (*wakil*). Er war die rechte Hand des Herrschers, sein Ratgeber in allen Belangen, die mit dem Reich und dem Haushalt zusammenhingen. Ihm unterstand der Finanzminister (*wazir-i mamalik* oder *diwan-i kull*). In dieser Funktion oblag ihm die oberste Kontrolle der herrscherlichen Schatzkammer und der Reichsrechnungsführung. Ihm zur Seite standen drei Helfer, über die er keine absolute Befehlsgewalt hatte, sondern denen er nur vorstand, um ihre gemeinsame Arbeit zu koordinieren: Der *diwan-i khalisa* war für die Einnahmen, die direkt in den Staatsschatz flossen, für ihren steten und korrekten Fluß zuständig. Der *diwan-i tan* hatte sich um die Auszahlung sämtlicher Gehälter, sei es in bar, sei es in Form eines genau taxierten Anteils an den Steuereinnahmen eines bestimmten Landstücks, zu kümmern. Der *mustawfi* schließlich war der eigentliche Rechnungsprüfer des Reiches. Ebenfalls dem Finanzminister unterstellt war der *mir-saman*, dem hauptsächlich die Verwaltung des Hofes oblag; zusammen mit dem *diwan-i buyutat* hatte er sich um den reibungslosen Ablauf der damit zusammenhängenden Finanzangelegenheiten zu kümmern. Einer der wichtigsten Untergebenen des Premierministers wurde *mir-bakhshi* genannt; er verfügte über drei Mitarbeiter, die *bakhshis*. Sie überwachten das ordnungsgemäße Funktionieren des weiter unten noch ausführlicher erklärten Verwaltungssystems (siehe unten Seite 46 ff.).

Um die religiösen Angelegenheiten des Reiches sorgte sich der *sadr as-sudur*, der gleichzeitig auch oberster Richter, *qadi al-qudat*, war. Er unterstand direkt dem Herrscher. Grundlage der Rechtsprechung bildete das islamische Recht, die Scharia. Nach der auf dem indischen Subkontinent vorherrschenden hanafitischen Rechtsschule hatten sich Nichtmuslime – in diesem Fall die Hindus – nicht für den Islam oder den Tod zu entscheiden, wie es sonst üblich war. Vielmehr zählte man sie zu den Schutzbefohlenen, den sogenannten *dhimmis*. Diese waren vor dem islamischen Recht geduldete Bürger zweiter Klasse, die besonderen Restriktionen unterlagen. Vor allem mußten sie die *jizya*, eine besondere Kopfsteuer, zahlen und auch sonst die doppelten Abgaben leisten. Im mogulzeitlichen Indien ist diese Abgabe immer ein Politikum gewesen. Akbar schaffte sie ab, Awrangzeb ließ sie wieder einführen. Allerdings betraf die muslimische Rechtsprechung nur ein Viertel der Gesamtbevölkerung. In den ländlichen Regionen beließ man es bei den vor- und nichtmuslimischen Institutionen. Fast jedes Dorf hatte nach alter Tradition seinen eigenen Gerichtshof, *panchayat*, der sich aus Einwohnern des Dorfes zusammensetzte und über fast alle Streitfälle eigenständig und vor allem nach den althergebrachten Rechtsgewohnheiten entschied.

Zu seiner direkten Verfügung hatte der Herrscher eine Anzahl von Schreibern sowie einige Kopisten, die dafür sorgten, daß die Anordnungen, Dekrete, Erlasse, Ernennungen auf- bzw. abgeschrieben wurden.

Ein letzter wichtiger «Beamter» des Pad(i)shahs war der *kotwal*, eine Art Polizeiminister. Er hatte dafür Sorge zu tragen, daß in den Städten Sicherheit und Ordnung herrschten und vor allem die Geschäfte auf den Märkten korrekt abgewickelt wurden.

Das Mogulreich war in Provinzen (*suba*) unterteilt. Jede Provinz setzte sich aus kleineren Verwaltungseinheiten zusammen, den *sarkas*, die wiederum in *parganas* bzw. *mahalls* zerfielen. Das administrative Gefüge in den einzelnen Regionen entsprach im großen und ganzen dem der Zentralverwaltung. Der Statthalter einer Provinz (*sipasalar*), bisweilen auch *nizam-i suba* oder *subadar*, hatte für den allgemeinen Ablauf der Verwaltungsangelegenheiten innerhalb einer Provinz zu sorgen. Ihm unterstand neben den üblichen Truppeneinheiten auch die weltliche Rechtsprechung.

Da aber die Grundprinzipien, an denen sich das Mogulreich orientierte, eine starke Zentralisation schufen, die eine ausgeprägte Machtdelegation im Sinne einer strikten Hierarchie mit klaren Kompetenzabgrenzungen nicht zuließen, wurden dem Provinzgouverneur gleichberechtigte «Beamte» aus der

Zentrale zur Seite gestellt. Diese waren für Gebiete wie Einkommen und Finanzen, Religion und Justiz, Polizei und Marktaufsicht zuständig. Der Statthalter durfte sich vor allem nicht in die Steuerangelegenheiten, die Rechtsprechung und in religiöse Dinge einmischen. Wir haben es hier mit einer Art doppelter Verwaltung zu tun. Die aus Delhi, Agra oder Shahjahanabad in die Provinzen entsandten Fachleute unterstanden zwar nominell dem Gouverneur vor Ort, waren aber nur ihren Vorgesetzten in der Hauptstadt gegenüber weisungsgebunden. So trugen die «Beamten» in den Provinzen auch die gleichen Bezeichnungen wie die Minister am herrscherlichen Hofe.

Die nächstfolgende Verwaltungsebene (*sarka*) wurde von einem *fawjdar* geleitet, dessen vordringlichste Aufgabe es war, in seinem Gebiet den Frieden aufrechtzuerhalten. Die unterste Verwaltungsebene, die der *parganas*, war von äußerster Wichtigkeit: Da das Mogulreich in erster Linie ein Agrarland war, kam der Pflege, Verwaltung, Besteuerung, den fairen Abgabeleistungen und dem Schutz der Bauern eine besondere Bedeutung zu. Akbar übernahm im Grunde das vorgefundene Verwaltungsgefüge des Delhi-Sultanates und der Lodi-Dynastie. In seiner Regierungszeit fungierte ein *amil* genannter «Beamter» als uneingeschränktes Haupt der Verwaltung auf lokaler Ebene. Er konnte sich als direkter Repräsentant des Herrschers vor Ort betrachten und erhielt, wenn er an den herrscherlichen Hof kam, sofort eine Audienz. Unter Shah Jahan wurde der Kompetenzbereich des *amil* durch die Schaffung eines für die Steuern und Finanzen zuständigen Amtes, dessen Inhaber *amin* hieß, eingeschränkt. Beiden standen drei Mitarbeiter zur Seite: Der *bitikchi* kam einem Rechnungsführer gleich und arbeitete naturgemäß eng mit dem Verwalter der Einkünfte und des Haushaltsbudgets, dem *khazandar* oder *fotadar*, zusammen. Der *qanungu* schließlich verfaßte Berichte über die jeweilige aktuelle Situation in einem Dorf, die dann an den zuständigen «Beamten» der Provinz weitergeleitet wurden.

Kern des mogulzeitlichen Administrationsgefüges war das *mansabdar*-System. Viele Elemente dieser zentralen Institution gehen auf vormogulzeitliche Einrichtungen und Traditionen zu-

	Verwaltungschef	**andere wichtige «Beamte»**
suba («Provinz»)	*sipasalar, nazim-i suba* oder *subadar*	Auf dieser Ebene war die Provinzadministration ähnlich organisiert wie die Zentralverwaltung: *diwan – bakhshi – mir adl – sadr/qadi – kotwal*
sarka («Distrikt»)	*fawjdar*	Sher Shah setzte in jedem *sarka* noch einen *munsif-i munsifan* ein, der für die Steuern zuständig war. Dieser fiel später wieder fort.
pargana («Dorf»)	*amil*, später auch *fawjdar*	1. Unter Shah Jahan bekam jeder *pargana* einen *amin* zugewiesen 2. *bitikchi* 3. *fotadar* bzw. *khazanadar* 4. *qanungu*

rück. Das Wort *mansab* läßt sich nicht ohne weiteres übersetzen. Wörtlich bedeutet es einen Ort oder eine Stelle, an der etwas hingestellt oder niedergelegt wird. Übertragen meint der Begriff eine Position innerhalb eines administrativen Netzes. Ein *mansab* war also eine Art Rang, der die Stellung des Inhabers innerhalb des Mogulreichs festlegte. Dieser Rang war unmittelbar mit militärischen und anderen Obliegenheiten verbunden. Der Träger stand in persönlicher Verbindung mit dem Herrscher. Akbar hatte, wenn wir Abu l-Fazl glauben wollen, 66 solche Ränge geschaffen, von denen jedoch nur die eine Hälfte besetzt war und die andere aus numerischen Gründen existierte. Jedes offizielle Amt war mit einem *mansab* verbunden, nicht umgekehrt aber jeder *mansab* mit einem offiziellen Amt. Vielen *mansabdaren* oblagen ausschließlich militärische Aufgaben. In der Praxis ist dieses Prinzip jedoch nicht immer konsequent eingehalten worden. Die unteren Ämter waren oftmals keineswegs mit einem *mansab* ausgezeichnet. Bis 1596 gab die im Zusammenhang mit dem *mansab* genannte Zahl den Rang und die Besoldungsstufe des *mansabdars* und die von diesem in Krisenzeiten geforderten Kavalleristen an. In der Folgezeit unterschied man bei einem *mansab* zwischen einer persönlichen Entlohnung des Ranginhabers und dem von diesem zu stellenden Kontingent an Reitern zuzüglich der damit entstehenden Kosten.

Das *mansabdar*-System hatte demnach auch einen militärischen Zweck, da die berittenen Truppen, die die Beamten aufbringen mußten, dem Herrscher jederzeit zur Verfügung stehen sollten. Diese Einheiten machten den wesentlichen Teil des Mogulheeres aus. Hinzu kamen noch die Soldaten der Lokalfürsten (*zamindare*). Über den tatsächlichen Umfang dieses Kontingentes – nominell gab es zu jedem Rang eine genau festgelegte Zahl – gehen die Meinungen auseinander. Auf jeden Fall wurden diese Einheiten laufend überprüft. Wurden Mißstände entdeckt, konnte der *mansabdar* in seinem Rang herabgestuft werden.

Innerhalb dieses Systems gab es keine festgesetzte Hierarchie. Jeder *mansabdar* war theoretisch nur dem Herrscher unterstellt. Je weiter entfernt die Provinzen jedoch lagen, desto schlechter waren natürlich die Kontrollmöglichkeiten. So erhielten die Marathen als Tributärfürsten (siehe unten Seite 106, 114) normalerweise ohne weitere Kontrolle *mansabs*. Der Herrscher hatte aber über die *mansabdare* die volle Verfügungsgewalt. Er allein konnte sie befördern oder versetzen. Die Auswahl der einzelnen *mansabdare* vollzog sich ganz nach dem Gutdünken des Herrschers. Die persönliche Abhängigkeit eines *mansabdars* von dem Herrscher bildet den Angelpunkt dieses Systems. Der Titel war daher auch in keinem Fall erblich. Gerade dies war auch der entscheidende Unterschied zu den Lokalfürsten. Eine präzise Schilderung des *mansabdar*-Systems finden wir bei dem Chronisten Bada'uni:

Es wurde (von Akbar) angeordnet, daß jedem Emir (*mansabdar*) zu Anfang ein Rang von 20 verliehen wird. Er mußte (dafür) zusammen mit seinen Gefolgsleuten immer, wenn es erforderlich war, bereitstehen. Wenn er die 20 Pferde – den (neuen) Regularien entsprechend – zur Stelle, an der man die Tiere mit den Brandzeichen kennzeichnet, gebracht hat, konnte er anschließend in den 100er Rang befördert werden. Diese mußten in Übereinstimmung mit dem neuen *mansab* eine bestimmte Zahl von Elefanten, Pferden und Kamelen aufbringen. Kam sie damit zur Musterung, so konnte der *mansabdar* seinen Fähigkeiten und seinen persönlichen Umständen gemäß einen 1000er, 2000er oder sogar einen 5000er Rang erhalten. Einen höheren Rang als 5000 gibt es nicht. Wenn sie es aber nicht schafften, bei der Musterung die geforderten Tiere zu stellen, wurden sie in ihrem Rang herabgestuft.

Die enge Verbindung von offiziellem Amt und *mansab*, zumindest bei der Nobilität des Reiches, also die Verschmelzung von Verwaltung und *mansabdar*-System findet sich auch bei den Lebensläufen der von Abu l-Fazl aufgezählten «Großen des Reiches». Ein Beispiel mag dies verdeutlichen:

Mir Sharif-i Amuli. Im 30. Jahr (der Regierung Akbars = 1585) starb der Prinz Mirza Muhammad Hakim in Kabul. Die Region wurde in das Reich eingegliedert. Mir Sharif ernannte man zum *amin* und zum *sadr* der neuen Provinz. Im darauf folgenden Jahr diente er unter Man Singh in Kabul. Im 36. Jahr (der Regierung Akbars = 1590/91) wurde er mit größeren Befugnissen mit denselben Ämtern in Bihar und Bengalen beauftragt. Im 43. Jahr (der Regierung Akbars = 1597/98) bekam er Ajmer als Pfründe und den *pargana* von Mohan in der Nähe von Lakhnau als Lehen (*tiyul*). Während der Belagerung von Asir schloß er sich mit seinen Truppen dem herrscherlichen Lager an. Der Pad(i)shah nahm ihn wohlwollend auf. Man sagt, daß er (später noch) bis in den 3000er Rang aufstieg. Begraben wurde er in Mohan.

Sämtliche in der Administration Beschäftigte wurden in die militärische Hierarchie einbezogen: Oft waren kleine Posten mit Beamten besetzt, die zwar einen militärischen Rang innehatten, der sie zu gewissen militärischen Leistungen verpflichtete, aber nicht zu den *mansabdaren* zählten. Sie bildeten eine eigene organisatorische Einheit und waren ebenfalls direkt dem Herrscher unterstellt.

Die Bezahlung der *mansabdare* erfolgte entweder in bar oder durch die Vergabe eines Stückes genau taxierten Landes, *jagir* genannt. Dem *mansabdar* gehörten diese Ländereien nicht, sondern er hatte nur ein Anrecht auf einen Teil der Steuern. Die große Zahl der zu entlohnenden *mansabdare* führte allerdings dazu, daß unter Akbar 75 Prozent des gesamten Landes, unter seinem Sohn Jahangir bereits 95 Prozent als *jagir* vergeben waren. Der Rest bildete die Krondomänen (*khalisa*), die unter der direkten Verwaltung des Hofes standen. Erträge eines kleinen Teils des Landes, *suyurghal* genannt, kamen in Form von Stipendien oder Renten besonders frommen oder gelehrten Personen zu. Auch Arme oder ehemalige Beamte fanden auf diese Weise Unterstützung. Ein *jagir* wurde also nur zu rein fiskalischen Zwecken vergeben, d. h. ein *mansabdar* sollte nur seine Einkünfte aus dem *jagir* ziehen können, er hatte sonst keinerlei andere Rechte über dieses Land. Alle Einnahmen über sein festgesetztes Einkommen hinaus flossen in den Haushalt der jeweiligen Provinz oder des jeweiligen Distriktes. Das Land unterlag einer ständigen Kontrolle, Berichte über seinen Zustand wurden regelmäßig an die zentralen Diwane geschickt.

Die Rekrutierung der Untergebenen lag also theoretisch ausschließlich in den Händen des Herrschers. Dieser ließ sich bei der Auswahl seiner Beamten in erster Linie von persönlichen, familiären oder politischen Motiven leiten. Da es innerhalb des höheren Verwaltungsstabes zu Interessengruppierungen kommen mußte, war dem Herrscher immer daran gelegen, seine eigenen Günstlinge zu befördern, um ein Gegengewicht zu allzu mächtigen, möglicherweise oppositionellen Strömungen innerhalb der Nobilität zu haben. Dabei hatte aber auch er sich an einige ungeschriebene Regeln zu halten. Als allgemeine Kriterien für die Ernennung zum *mansabdar* galten die besondere Berücksichtigung der Söhne der höheren *mansabdare*, die Aufnahme von Lokalfürsten in das *mansabdar*-System sowie die Rekrutierung des eigenen Verwaltungsstabs aus der höheren Beamtenschaft anderer Patrimonialfürstentümer. Hinzu kamen aber auch ethnische Überlegungen. Aufgrund neuerer Untersuchungen ist es möglich, die heterogene ethnisch-religiöse Zusammensetzung der Nobilität innerhalb verschiedener Zeiträume nachzuzeichnen:

Die ethnisch-religiöse Verteilung der Nobilität

A. Höchste *mansabs*

	1595 > 3000	1621 > 5000	1637–38 > 5000	1647–48 > 5000	1656–57 > 5000
Prinzen	4	4	3	4	8
Iraner	9	8	10	9	9
Turaner	8	5	4	4	4
Afghanen	0	1	0	1	0
Ind. Muslime	0	2	2	2	0
Andere Muslime	0	1	0	0	0
Rajputen	4	2	3	4	3
Marathen	0	0	1	1	1
Andere Hindus	0	1	0	0	0
Insgesamt	25	24	23	25	25

B. Hohe *mansabs*

	1595 500–2500	1621 1000–4500	1637–38 1000–4500	1647–48 1000–4500	1656–57 1000–4500
Iraner	18	42	50	54	66
Turaner	38	32	39	38	49
Afghanen	4	12	19	15	16
Ind. Muslime	14	21	18	27	27
Andere Muslime	6	13	14	10	13
Rajputen	16	27	23	35	43
Marathen	0	1	7	9	6
Andere Hindus	2	0	1	4	3
Insgesamt	98	148	171	192	223

C. Mittlere *mansabs*

	1595 200–450	1621 500–900	1637–38 500–900	1647–48 500–900	1656–57 500–900
Iraner	48	18	53	63	64
Turaner	47	11	42	61	70
Aghanen	6	2	20	10	18
Ind. Muslime	22	12	47	36	32
Andere Muslime	12	17	22	19	36
Rajputen	20	5	34	34	41
Marathen	0	0	0	0	5
Andere Hindus	5	5	7	3	4
Insgesamt	160	70	225	226	270

Innerhalb des Reiches gab es auch Gruppen, die sich dem direkten Zugriff des Verwaltungsapparates der Moguln entzogen. Eine vollkommene administrative Durchdringung des ganzen Herrschaftsgebietes, die vollständige Eingliederung aller in dieses System, lag schon allein wegen der schlechten Kommunikationsmöglichkeiten und ungeheuren Größe des zu kontrollierenden Gebietes nicht in der Absicht der Moguln. So stützte sich die Herrschaft der Mogulherrscher vielfach auf bereits vorhandene Patrimonialfürsten, die die Oberhoheit der Mogulherrscher anerkannten und sich ihnen freiwillig unterwarfen. Auf diese Weise blieb ein beträchtlicher Teil des Mogulreiches de facto unter der Kontrolle der alten (häufig hinduistischen) Fürsten und wurde nicht zentral verwaltet. Diese Fürsten übten in der Regel in den von ihnen beherrschten Gebieten die gleiche Gewalt wie früher aus. In den meisten Fällen leisteten sie Abgabenzahlungen. Oft erhielten sie einen hohen *mansab* und bekamen ihr eigenes Land, in dem sie patrimonial herrschten. Generell werden diese Länder wohl am besten als Tributärfürstentümer bezeichnet.

Hiervon kann man noch all diejenigen unterscheiden, die freiwillig den Mogulherrschern ihre Dienste anboten, aber selbst keine Patrimonialherren waren. Peter Hardy zählt zu dieser Gruppe «all jene Mitglieder von religiösen Gemeinschaften, Sekten, Orden, die Pensionen und Schenkungen von den Moguln annahmen, sei es als Geldgabe, sei es als abgabenfreies Land; all jenen muslimischen Juristen und Hindupandits, die die Moguln im Recht des Islams oder des Hinduismus berieten; alle jene Kaufleute, die von den Moguln Begünstigungen erwarteten.»

Der Mogulherrscher hatte verschiedene Möglichkeiten, diesen Verwaltungsstab und seine Beamten zu kontrollieren:

1. Das Grundprinzip des *mansabdar*-Systems, die persönliche Abhängigkeit des *mansabdars* vom Herrscher, erlaubte es dem Machthaber, jeden *mansabdar* bei jedweden Vergehen in seinem Rang herunterzusetzen. Dies war durchaus üblich und kam häufig vor.

2. Es ist sehr schnell zur Regel geworden, daß *mansabdare*, die eine offizielle Position bekleideten, in regelmäßigen Abstän-

den versetzt wurden. Ein Provinzgouverneur etwa blieb kaum jemals länger als vier oder fünf Jahre in ein und derselben Provinz. Sie mußten vor allem wechseln, wenn sie eine andere Pfründe zugewiesen bekamen. Der Transfer der Pfründen war für die Einheit und den Zusammenhalt des Mogulreiches von großer Bedeutung. Nur durch diese Verschiebungen konnten die Notabeln daran gehindert werden, sich mit lokalen Machthabern zu verbinden und zu Kleinfürsten zu werden.

3. Jeder *mansabdar* mußte bei einer Reihe von Gelegenheiten persönlich am Hof erscheinen. Zusätzlich zu den ohnehin üblichen Routinebesuchen hatte dies vor allem nach einem Wechsel der Position oder der Pfründe oder anläßlich einer Rangerhebung zu geschehen.

4. Innerhalb des administrativen Gefüges, das untrennbar mit dem *mansabdar*-System verwoben war, kam es auf den verschiedenen Verwaltungsebenen zu einer Kompetenzspaltung unter den einzelnen Beamten. Diese kontrollierten einander gegenseitig und konnten sich jederzeit persönlich an den Herrscher wenden, um auf Mißstände aufmerksam zu machen.

5. Das Amt des *mir bakhshi* war eigens auf zentraler und provinzialer Ebene geschaffen worden, um den reibungslosen Ablauf des *mansabdar*-Systems zu überwachen und für sein ordnungsgemäßes Funktionieren zu sorgen.

6. Zu den Aufgaben der «Berichterstatter» (*waqi'a-nawis*) in den einzelnen Provinzen oder Dörfern gehörte es, genaue Berichte über den Zustand der jeweiligen Provinzen bzw. Distrikte zu verfassen und an den Hof weiterzuleiten.

7. Zu guter Letzt kontrollierte auch der Herrscher die Situation vor Ort. Ein Herrscher wie Awrangzeb konnte bis zu 70 Prozent seiner Amtszeit auf Reisen sein. Dabei begleitete ihn der gesamte Hof, die Zentralisierung des Reiches blieb in vollem Umfang erhalten.

Eine neue Religion.   Akbar und Abu l-Fazl haben niemals daran gedacht, den Islam zu reformieren. Vielmehr wollten sie eine neue Glaubenslehre entwerfen, die für alle Untertanen akzeptabel war. Zuerst mußten dafür die mannigfaltigen Fehler und

Sehr beliebt waren während der Mogulzeit Porträts von wichtigen Persönlichkeiten. Die Künstler fertigten teilweise bemerkenswert realistisch anmutende Skizzen der indischen Machthaber an, wie hier des Mogulherrschers Akbar (um 1605, India Office, No. Add. Or. 1039).

Nachteile des Islams aufgezeigt werden. Erst dann konnte man sich an die Ausarbeitung einer Religionslehre machen, die der multikonfessionellen Situation in dem Reich genauso entsprach wie der religiösen Gestimmtheit des Herrschers und seiner Berater. Der *tawhid-i ilahi* oder *din-i ilahi* («Gottesreligion»), wie das neue Bekenntnis genannt wurde, propagierte den universellen Religionsfrieden (*sulh-i kull*), auf dessen Grundlage einheitliche Normen errichtet werden sollten, die sämtliche Konfessionen innerhalb des Mogulreiches unter Akbars Führung vereinen würden. Dabei ging es im Kern um die Idee der göttlichen Einsetzung des Herrschers. Aufgrund der direkt von Gott verliehenen Autorität waren nicht mehr die Religionsgelehrten, sondern der Pad(i)shah selbst befugt, verbindliche Aussagen über das göttliche Recht zu treffen.

Spätestens nach 1570 organisierte Akbar regelmäßig Sitzungen, in denen er sich mit ausgewählten Personen über religiöse Konzepte und Vorstellungen unterhielt. Anfänglich durften an diesen Gesprächen wichtige Religionsgelehrte und Emire teilnehmen, später weitete man den Kreis auch auf Vertreter anderer Religionen aus. Auf der muslimischen Seite hatten anfänglich die beiden bereits erwähnten ranghöchsten Gelehrten das Sagen, nämlich Mulla Abdallah Sultanpuri, der unter Sher Shah Suri eine steile Karriere gemacht hatte und nun zum obersten Religionsgelehrten (*shaykh al-islam*) ernannt worden war, und Scheich Abd an-Nabi, der der Chishtiyya angehörte und seit 1555/56 die Position des Reichsoberrichters (*sadr as-sudur*) innehatte. Die Initiative, einen Debattierzirkel zu gründen, ging einher mit einer vermehrten religiösen Aktivität des Herrschers. Akbar unternahm in dieser Zeit zahlreiche Pilgerfahrten, erging sich in morgendlichen Meditationen und unterzog sich nächtlichen Andachtsübungen. Bei den Diskussionen im offiziellen «Debattierhaus» (*ibadat-khana*) gab es eine strenge Sitzordnung: Im Norden hatten die Sufis Platz zu nehmen, im Süden die Gelehrten, im Osten die Emire und im Westen die in der islamischen Religion allgemein hochgeschätzten Prophetennachkommen. Neben der dem Herrscher eigenen Neugierde scheint ein Antrieb für die Debatten auch sein Bestreben gewesen zu sein, sich im Kreis der gebildetsten und angesehensten Leute des Reiches als primus inter pares, als Religionsphilosoph auf dem Thron zu präsentieren. Seit 1578 waren die Sitzungen nicht mehr nur auf Muslime beschränkt. Schon vorher hatte Akbar private Gespräche mit Jainas oder hinduistischen Brahmanen geführt. Nun lud er sie zusammen mit Parsen, also indischen Zoroastriern, und Christen zu der Runde im *ibadat-khana* ein, um ihre Lehren mit denen der Muslime zu vergleichen. Was für ein Verhältnis hatte der Mogulherrscher zu den einzelnen Gruppierungen?

1. *Akbar und die Chishtiyya.* Wie wir oben gesehen haben, war die Chishtiyya der erste bedeutende Orden, der in Indien Fuß gefaßt hatte. Aus diesem Grund gehörten die Gräber seiner wichtigsten Heiligen – Nizam ad-Din Awliya in Delhi, Mu'in ad-Din in Ajmer und Baba Farid Shakarganj (gest. 1269) in Ajodhan – zu den von Muslimen am meisten besuchten Orten auf dem Subkontinent. Man glaubte sogar, daß eine bestimmte Anzahl von Wallfahrten die Pilgerfahrt nach Mekka ersetze. Mit Bedacht hat Humayun sein Grab nicht weit von dem Mausoleum Nizam ad-Din Awliyas errichten lassen. Akbar seinerseits, der ein enges Verhältnis zu dem Chishti-Scheich Salim hatte, begab sich viele Male mit großem Gefolge nach Ajmer. Der Herrscher legte das Gelübde ab, zu Fuß dorthin zu pilgern, wenn ihm – wie der Heilige vorausgesagt hatte – ein Thronnachfolger geboren würde. Und tatsächlich erfüllte der Mogulherrscher nach der Entbindung des Söhnchens, das er ostentativ Salim nannte, sein Versprechen. 1570 wallfahrtete er zu Fuß zum Grab Mu'in ad-Dins. Als in demselben Jahr auch noch ein weiterer Knabe das Licht der Welt erblickte, veranlaßte Akbar den großzügigen Ausbau des Heiligtums.

2. *Akbar und die Christen.* Nachdem sich die Portugiesen zu Beginn des 16. Jahrhunderts auf Goa, in Diu und Cochin festgesetzt hatten, versuchten christliche Missionare, ihren Glauben in Indien zu verbreiten. Zuerst gingen diese Bestrebungen von den Franziskanern aus. Ab den 1640er Jahren übernahmen jedoch Mitglieder des 1534 durch Ignatius von Loyola gegründeten Jesuitenordens die Initiative. Zu einem ersten Kontakt zwischen den Christen und dem Pad(i)shah des Mogulreiches ist es wohl während einer Belagerung von Surat im Frühjahr 1573 gekommen. Auf jeden Fall entsandte Akbar im Sommer 1575 Handwerker mit dem Auftrag nach Goa, ihm europäische Instrumente und technische Gerätschaften, die ihnen von Bedeutung schienen, mitzubringen. Zwei Jahre später kehrten sie mit einer Orgel im Gepäck von der Insel zurück.

Den Anlaß für eine erste regelrechte Jesuitenmission mit dem Ziel, den Herrscher zu bekehren, lieferte Akbar selbst. Dieser schickte nämlich einen Brief an das Collegium St. Paul auf Goa, in welchem er darum bat, daß man doch zwei Priester und die wichtigsten Werke ihres Glaubens zu ihm senden möge. Nach einigem Zögern machten sich im Jahre 1579 Rudolf Acquaviva, Antonio Montserrate und Francis Henriques auf den Weg. Die drei Christen nahmen an den Diskussionen im *ibadat-khana* teil, wobei von ihrer Seite die üblichen Standardthemen muslimisch-christlicher Kontroversen vorgebracht wurden: Muhammads Prophetentum, der Kreuzestod Christi, die Trinitätslehre, Verfälschung der wahren Lehre durch Juden und Christen, der Koran als das Wort Gottes etc. Akbars Interesse am Christentum war offensichtlich nur mäßig, so daß sich die Jesuiten 1583 unverrichteter Dinge wieder auf den Heimweg machten. Erst acht Jahre später gab es eine zweite Mission, dieses Mal an den in Lahore residierenden Mogulhof. Beteiligt waren Pater Christoval de Vega, der Laienbruder Estevan Ribeiro und Duarte Leitão. Auch sie konnten nichts erreichen und packten schon nach weniger als zwölf Monaten die Koffer.

Dennoch gab man nicht auf und unternahm noch einen dritten Anlauf. Eine Gruppe von Jesuiten unter Jerome Xavier, Pater Pinheiro und Bruder Benedict de Goes erreichte Lahore im Mai 1595. Man hatte nun den Missionsplan geändert. Es sollte nicht mehr um die Konversion des Herrschers gehen, sondern um die Bekehrung der Bevölkerung. Hintergrund für diesen Sinneswandel war ein Erlaß Akbars, in dem er anordnete, daß keiner, der eine Kirche, Synagoge oder Feuertempel errichten wollte, daran gehindert werden sollte. So begann man in Lahore mit dem Bau einer Kirche. 1597 war das Werk vollendet. Zwei Jahre später konnten die Christen auch in Agra ein erstes Gotteshaus einweihen. Das mangelnde Interesse des muslimischen Herrschers an dem Christentum führte allerdings dazu, daß die Missionare nicht mehr an den Diskussionsrunden teilnehmen durften. Jerome Xavier beschloß daher, christliche Werke ins Persische zu übersetzen. Bis 1602 legte er die beiden

Die beiden Jesuiten Rudolf Aquaviva und Francis Henriques nehmen an einer De-
batte in der Diskussionshalle teil (Ausschnitt aus einer *Akbar-nama*-Miniatur von
Nar Singh, um 1605, Beatty Library, Ms 3, fol. 263v). Sowohl Akbar als auch Jahangir interessierten sich sehr für die europäischen Werke, die die Jesuiten an ihren
Hof brachten. In den herrscherlichen Ateliers, in denen fast ausschließlich Hindus
arbeiteten, kopierte man die Bilder und integrierte zahlreiche Motive in die muslimischen Miniaturen.

Bücher *Dastan-i masih* («Das Leben Jesu») und *Mirʾat al-quds*
(«Der Spiegel der Heiligkeit») vor.

3. Akbar und der Hinduismus. Im Gegensatz zu den Christen konnten die Hindus sich Akbars Interesse an ihren Glau-
bensformen sicher sein. Beinahe täglich suchte er das intensive
Gespräch mit Brahmanen oder Yogis. Natürlich ging es bei der

Annäherung an die hinduistischen Vorstellungen einerseits um religiöse Fragen. Hinter dem Bestreben, eine Einheitsreligion aus Islam und Hinduismus zu schaffen, standen aber andererseits auch ganz handfeste politische Motive. Die Absicherung seiner Autorität innerhalb der bereits kontrollierten Gebiete zusammen mit den fortgesetzten Expansionsbestrebungen hing nämlich in hohem Maße von der Botmäßigkeit der hinduistischen Fürsten ab.

Die offenkundige Disharmonie zwischen Hinduismus und Islam führt Abu l-Fazl in seinem *A'in-i Akbari* («Die von Akbar getroffenen Regularien») darauf zurück, daß beide Seiten voneinander zu wenig wüßten. Neben den sprachlichen Barrieren und dem mangelnden Interesse der Menschen an allen nichtweltlichen Dingen sei es dann aber auch die überkommene Vorstellung muslimischer Religionsgelehrter, allein der Tradition zu folgen und Neuerungen zu scheuen, die einer Versöhnung im Wege stünden. Nun sei jedoch mit Akbar eine neue Herrscherpersönlichkeit auf den Thron gekommen, der dazu von Gott auserwählt worden sei, eine neue Einheitsreligion zu verkünden. Im vierten Teil seines Buches fügt Abu l-Fazl für den unkundigen Muslim eine ausführliche Darstellung des Hinduismus an.

Darüber hinaus rief er 1574 auf Geheiß des Pad(i)shahs ein herrscherliches Übersetzungsbüro ins Leben und beauftragte den Gelehrten Bada'uni mit der Übersetzung wichtiger Sanskritwerke ins Persische. Dieser legte eine Übertragung des *Atharvaveda*, *Mahabharata*, *Ramayana* und der *Rajatarangini* vor. Des weiteren ließ Akbar fortan die großen Hindufeste, also die Hauptfeiern der Brahmanen und der Kshatriyas und das Lichtfest zu Ehren der Göttin Laksmi offiziell begehen. In das herrscherliche Bemühen, hinduistische Bräuche zu integrieren, fällt auch das zweimal im Jahr durchgeführte Aufwiegen des Herrschers gegen Gold mitsamt der anschließenden Verteilung der Summe unter die Armen und Bedürftigen.

4. *Akbar und die Parsen.* Erst in letzter Zeit sind die vielen direkten Einflüsse benannt worden, die parsische Vorstellungen und Bräuche auf die «Gottesreligion» gehabt haben. Akbar verfügte über ausgezeichnete Kontakte zu den Anhängern des Reli-

gionsgründers Zarathustra, deren Vertreter er mit Stipendien
unterstützte und deren Lehren ihn offensichtlich stark beein-
druckten. Zum Neujahrstag im 25. Jahr seiner Thronbesteigung
(= 1580) warf der Herrrscher sich zum ersten Mal in einer
öffentlichen Zeremonie vor der Sonne und dem Feuer zu Boden.
Als man am Abend die Kerzen entzündete, hatten sich alle An-
wesenden ehrerbietig von ihren Plätzen zu erheben. Die allmor-
gendliche Sonnenverehrung wurde durch einen Feuerritus am
Abend ergänzt.

Im Gegensatz zu der fehlbaren Natur eines gewöhnlichen in-
domuslimischen Sultans sei Akbar, so beschreibt es Abu l-Fazl,
ein der menschlichen Fehlbarkeit entrücktes Wesen, das dadurch ontologisch Gott und der Wahrheit näher als die übrigen
Lebewesen stehe. Dies werde bestätigt durch ein verborgenes
göttliches Licht, das über eine Kette von Ahnen auf ihn gekommen sei. Dieses urewige Licht Gottes, dessen Anblick dem
Schauen im Jenseits gleichkomme, symbolisiere die Sonne. Diese
von Abu l-Fazl verwandte Lichtmetapher führt sich zum einen
zurück auf die altiranische Vorstellung vom «göttlichen Glanz»
(*farr-i izadi*), nach der die Herrschaftswürde von einem göttlichen Lichtstrahl abhängt, der auf ihrem Träger ruht. Zum anderen ist sie auch mit der Geschichte von Alanquva verknüpft.
Diese Ahnherrin der Timuriden habe ein himmlischer Lichtstrahl
geschwängert, wodurch die Erleuchtung von Generation zu Generation weitergegeben worden sei.

Akbars Einzigartigkeit wird also mit seiner besonderen Beziehung zur Sonne begründet, zumal auch das persische Wort
für Sonne – *Aftab* – numerisch die gleiche Summe ergibt wie der
Name «Akbar». Diese kosmische Verbindung zwischen dem
Herrscher und der Sonne darf jedoch nicht als eine Gleichsetzung
Akbars mit Gott gesehen werden. Der Pad(i)shah wird allein
als «Wegweiser» zur Gotteserkenntnis aufgefaßt. Akbar selbst
lehnte jegliche Vergötterung seiner Person entschieden ab. Falls
seine Gefolgsleute ihn dennoch «Gott» nannten, tat er, als habe
er nichts gehört.

Die Verehrung der Sonne bestimmte in zunehmendem Maße
auch die religiösen Riten. Nachdem man bereits 1582 damit

begonnen hatte, *nawruz*, also Neujahr, offiziell zu zelebrieren, ging man zwei Jahre später dazu über, anstelle des muslimischen Hijra-Jahres eine sogenannte «Ilahi-Ära» zu verwenden und gleichzeitig die altiranischen Monatsfeste wiederzubeleben. Bereits ein Jahr später ließ der Herrscher vier tägliche Sonnengebete einführen und zog die Rezitation der 1001 sanskritischen Bezeichnungen für die Sonne der Nennung der im Koran aufgeführten 99 Gottesnamen vor. Die Anhänger der von Akbar initiierten Glaubensform, die einen durchaus ökumenischen Charakter hatte, tauschten ab 1584 offiziell die Grußformel *Allahu akbar – jalla jalaluhu* («Gott ist der Größte» oder «Akbar ist Gott – Seine Pracht ist unermeßlich») aus. Darüber hinaus ließ Akbar während der Audienzen die Proskynese einführen, die nach islamischer Auffassung nur Gott gebührt und Teil des muslimischen Gebetes ist.

Der von Akbar und Abu l-Fazl entwickelten «Gottesreligion» mußte man offiziell beitreten. Der große Zulauf, den die neue Religion erhielt, läßt sich auch mit der Endzeitstimmung erklären, die am Ende des 16. Jahrhunderts unter Muslimen in Indien herrschte. Am 27. September 1592 endete das erste muslimische Jahrtausend, und viele Religionsgelehrte sagten unter Berufung auf einen Ausspruch Muhammads voraus, daß die Zeit des Islams sich ihrem Ende nähere. Ein neuer Prophet, ein Mahdi, werde kommen und das Ende der Zeiten einläuten. Muhammads Botschaft verlöre an Gültigkeit, denn die urreligiösen Zustände würden wiederhergestellt. In Gujarat und im Westen des Subkontinents nutzte ein gewisser Sayyid Muhammad Jawnpur diese allgemein verbreiteten Vorstellungen aus und ernannte sich selbst zum Mahdi. Seine Anhänger, die Mahdawis, wurden von Akbar alsbald in das herrscherliche Debattierhaus eingeladen.

Auch der Mogulherrscher schenkte der Idee, daß es nun nicht mehr nötig sei, an dem Islam als Staatsreligion festzuhalten, gerne Gehör. Nach dem Vorbild eines mystischen Ordens nahm Akbar die Rolle eines Sufimeisters ein, während seine Anhänger den Status von Schülern erhielten. Er war selbst in der glücklichen Lage, ein Heiliger zu sein, der durch seine Gottesnähe dem Land Gutes bescheren konnte. Abu l-Fazl geht sogar so weit, ihm in seinem *Akbar-nama* Wundertaten zuzuschreiben. Akbar sei der Mahdi, der dem Volk die Urreligion in Form seiner «Gottesreligion» zurückgebracht habe.

Um die Diskreditierung der Religionsgelehrten an seinem Hof weiter voranzutreiben, ließ Akbar diese Anfang September 1579 zu sich zitieren, um eine Erklärung (*mahzar*) zu unterschreiben, in der sie den Mogulherrscher als weltlichen wie religiösen Führer anerkannten. Abd an-Nabi und Makhdum al-Mulk setzten, wenn auch widerwillig, ihre Namen unter das Dokument. Trotzdem wurden beide kurz darauf verbannt. Der *mahzar* war der Auftakt zu einer Inquisition der Religionsgelehrten. Man betrieb die Entmachtung des religiösen Establishments unter dem Deckmantel einer Umstrukturierung der Pfründe. Alle bedeutenden Gelehrte und Sufis, die im Staatsdienst standen oder steuerfreies Land als Pension erhalten hatten, mußten sich bei Hofe einfinden. Unterschrieben sie die Erklärung, durften sie ihre Lehen behalten, wenn nicht, wurden sie ihnen entzogen.

Die Neuordnung des Reiches.   Zweifellos ist Akbar eine der interessantesten, aber auch umstrittensten Herrscherpersönlichkeiten der Mogulzeit. Unter seiner Regentschaft formten sich die Strukturen einer Zentralverwaltung, und es bildeten sich die Charakteristika einer eigenen indopersischen höfischen Kultur heraus. Als sein Vater starb, war Akbar 13 Jahre alt. Seine Mutter Hamida Banu stammte aus Persien. Seine schulische Ausbildung scheint nur recht mangelhaft gewesen zu sein. Vielleicht liegt darin auch sein undogmatisches Verhältnis zur Religion, seine stete Neugierde und große Reformfreudigkeit begründet. Schon in jungen Jahren hatte er als Statthalter des Punjab fungiert und das Kriegshandwerk von der Pike auf gelernt. Am 14. Februar 1556 bestieg er im Rahmen einer großen Feier den Thron. Doch ganz ungetrübt konnte seine Freude und die seines Regenten, Bayram Khan, nicht sein. Überall lauerten Gefahren. Sikandar Sur hatte sich im Punjab für unabhängig erklärt, afghanische Stämme sorgten am Ganges für Unruhe, Hindufürstentümer stellten die Zahlung der jährlichen Abgaben ein. 1556 wurde Delhi sogar von dem Hindugeneral Hemu eingenommen. Aber

Bayram Khan, der sich mit 15 Jahren Humayun angeschlossen hatte und später – trotz seiner schiitischen Neigungen – zum Prinzenerzieher ernannt worden war, konnte ihn in der zweiten Schlacht von Panipat am 5. November 1556 entscheidend schlagen. Vier Jahre später entließ Akbar seinen ehemaligen Tutor und übte fortan uneingeschränkt die Macht aus.

Oft wird vergessen, daß Akbar sich über lange Zeit hinweg gegen seinen Halbbruder Mirza Muhammad Hakim (gest. 1585) durchsetzen mußte, der von Kabul aus ein kleines Reich aufgebaut hatte, das insgesamt sehr stark auf Zentralasien ausgerichtet war und enge Beziehungen zu dem Uzbekenführer Abdullah Khan unterhielt. An Mirza Muhammad Hakims Hof florierte zudem der Sufiorden der Naqshbandis. Die Ausschaltung dieses Reiches war für Akbar ungemein wichtig, denn zum einen war seit Baburs Tagen Kabul ein mittelasiatisches Gegenzentrum zu Agra und Delhi. Zum anderen konnte sich Mirza Muhammad Hakim im Gegensatz zu seinem Halbbruder als ein streng orthodoxer Sunnit präsentieren. In den 1560er und 1580er Jahren stellte Mirza Muhammad Hakim für das Mogulreich eine ernsthafte militärische Gefahr dar, zumal ihn viele turanische Notabeln am Hofe Akbars unterstützten.

Da die Politik Akbars bereits Gegenstand der beiden vorangegangenen Kapitel gewesen ist, soll hier nicht auf alle Einzelheiten seiner langen Regierungszeit eingegangen werden. Es seien nur einige wichtige Punkte herausgestellt: Eine politische Grundtendenz war das Bestreben des Herrschers, die Kontrolle des Mogulreiches weiter nach Süden hin auszudehnen und gleichzeitig die Zentralisierung voranzutreiben.

Eine große Anzahl persischer Flüchtlinge wurde in die Verwaltung integriert. Akbar mußte in einem Balanceakt zwischen den verschiedenen Faktionen unter den Notabeln vermitteln, die einander im Kampf um Macht und Pfründe mißtrauisch beäugten und jederzeit bereit waren, die Seiten zu wechseln.

Gleichzeitig versuchte der Herrscher, neue Eliten hinzuzugewinnen. So gelang es ihm beispielsweise, im Jahre 1557 die Sayyids von Barh, also schiitische Hindustanis, hinter sich zu bringen.

Mit der 1562 geschlossenen Heiratsallianz mit Raja Bhar Mal von Jaypur begann eine massive Rekrutierung von nichtmuslimischen Hindustanis (Rajputen). Raja Todar Mal, der bereits unter Sher Shan gedient hatte, stieg in höchste Reichsämter auf. Bir Bal, ein Brahmane, wurde zu einem wichtigen Berater bei Hofe. Die Hindus erwiesen sich in Krisensituationen als die treueren Anhänger als die muslimischen Gruppen.

Ein Charakteristikum der ersten Herrschaftsjahre sind die häufigen Feldzüge. Nach Osten: Chunar (1562), Bihar (1574), Bengalen (1576). Nach Süden: Malwa (1561), Chitor (1568), Rathanbor (1569). Nach Westen: Gujarat (1572), Surat (1573). Durch die Vereinigung der Küstenprovinz Gujarat mit den landwirtschaftlichen Kerngebieten (Punjab, Gangesbecken) konnte sich der Handel innerhalb des Mogulreiches entscheidend stabilisieren. Weitere militärische Unternehmungen richteten sich gegen Kashmir (1586/87), Sind (1591/92), Orissa (1592/93) und gegen Teile des Dekkhan (zwischen 1596 und 1601).

Die neuen Territorien mußten auch verwaltet werden. Abu l-Fazl zeichnet, wie schon angesprochen, das Bild eines nahtlosen Übergangs von der einheimischen Administration zu einer perfekt funktionierenden Mogulverwaltung. Die neuere Forschung geht allerdings davon aus, daß sich die indigenen Strukturen in den meisten Fällen als sehr langlebig erwiesen.

Insgesamt lassen sich drei Hauptrichtungen in der Politik Akbars erkennen:

1. *Die Einführung neuer Instrumentarien zur Steuerschatzung und eine damit verbundene Umstrukturierung des Abgabensystems.* Die Steuerreform basierte auf Ansätzen aus der Zeit Sher Shah Surs und Todar Mals. Auf einer Zehn-Jahres-Grundlage erstellte man einen lückenlosen Kataster des zur Verfügung stehenden Landes und errechnete die zu erwartenden Steuereinnahmen. Zudem schaffte man eine ganze Reihe unzulässiger Abgaben ab. Die Erträge, die man über lokale Mittelsmänner einzog, flossen zu einem Drittel an den Staat. Zwei Drittel wurden als Pfründe auf die Notabeln verteilt.

2. *Eine deutliche Veränderung in der Organisation und der Kontrolle der Nobilität.* Das *mansabdar*-System, das Thema

des vorangegangenen Abschnittes war, stellte ein gewagtes Unterfangen dar und ließ sich nicht vollständig realisieren. Akbars Erlaß aus dem Jahre 1574, alle Pferde mit einem Brandeisen zu kennzeichnen, stieß auf den erbitterten Widerstand der Turani-Notabeln, die dieses Vorgehen als Bevormundung empfanden. Ebenso scheiterte sein Ansinnen, alle *mansabdare* bar zu bezahlen. Er mußte auf das Pfründensystem zurückgreifen. Und schließlich entzogen sich die Tributärfürsten weitgehend der Kontrolle durch die Zentralregierung. Daß die Einverständnisgemeinschaften uneingeschränkt ihre Rechte behielten, wirkte auch auf zahlreiche muslimische Statthalter verlockend. Sowie die Zentrale Schwäche erkennen ließ und ihr Arm nicht mehr sofort spürbar war, bezahlte man zwar pro forma eine jährliche Abgabe, übte aber ansonsten absolute Herrschaft aus.

3. Eine Neuordnung des religiösen Establishments. Am schwierigsten war die Entmachtung des *sadr as-sudur*, dem als oberstem Justizbeamten und wichtigstem Rechtsgelehrten auch die herrscherlichen frommen Stiftungen und mildtätigen Zuweisungen unterstellt waren. Im Zusammenhang mit der «Gottesreligion» ist bereits über die Vorgehensweise des Herrschers gesprochen worden (s. o. S. 54 ff.).

Es ist bemerkenswert, daß es bis zum Beginn des 17. Jahrhunderts keine militärtechnischen Fortschritte gegeben hat. Man entwickelte keine Flotte, die auf hoher See kampffähig gewesen wäre. Ebensowenig ging man zum Gebrauch von Handfeuerwaffen über, obgleich die Briten 1590 den Bogen als Waffe aufgegeben hatten. Aus diesem Grund konnten die Europäer im Laufe der Zeit immer mehr Gefechte für sich entscheiden, auch wenn sie zahlenmäßig deutlich unterlegen waren.

Die letzten Jahre der Regierungszeit Akbars brachten eine Reihe von Enttäuschungen. Der Feldzug auf den Dekkhan, also die mittelindische Hochebene, kam nicht so richtig voran. Man verlor sich in unergiebigen Scharmützeln. Und auch die Nachfolgeregelung war lange Zeit hindurch ungeklärt. Akbar und sein Sohn Salim vertrugen sich nur schlecht. Erst auf seinem Totenbett söhnte sich der Herrscher mit seinem einzigen überlebenden Sprößling aus.

Höfische Kultur. Die höfische Kultur während der Mogulzeit entsprach zwar nicht immer den Vorstellungen orthodoxer Religionsgelehrter, doch deckten sich die Gewohnheiten weitgehend mit anderen mittelasiatischen Dynastien. Ein besonderes Kennzeichen war allerdings der Zusammenfluß von hinduistischen und muslimischen Elementen zu einer indopersischen Kultur. Ihre Träger waren neben dem Herrscher und seiner Familie vor allem die höheren *mansabdare*, also die Verwaltungsfachleute und Militärs. Sowohl bei Hofe wie auch im Feld wollten diese Männer und Frauen ihr Talent und Geschick unter Beweis stellen. Ihnen schwebte dabei das Ideal vor, in ihrer Person die besten Eigenschaften eines gelehrten Beamten (*ahl-i qalam*) und eines tapferen Kriegers (*ahl-i sayf*) zu vereinen. Zu der ersten Gruppe rechnete man gemeinhin die Sekretäre, Steuereintreiber, Schatzmeister, Kontrolleure etc. Sie alle hatten nur einen geringen *mansab* und erfüllten administrative Funktionen in den Provinz- oder Distrikthauptstädten. Einige von ihnen waren Muslime, doch die große Mehrheit setzte sich aus Hindus zusammen, die solche Aufgaben seit eh und je verrichtet hatten. Schnell hatten sie die persische Sprache erlernt, manche so gut, daß sie großartige historische, poetische oder literarische Werke in diesem Idiom verfaßten. Diese Leute trugen ihr Scherflein zur höfischen Kultur bei, doch im Rampenlicht standen meist die etwa 70 bis 100 Großemire, die zur herrscherlichen Entourage zählten. Diese hatten in den meisten Fällen eine sehr gute Ausbildung genossen, die sie in die Lage versetzte, die vorherrschenden kulturellen Ansätze und Trends weiterzuentwickeln und zu verfeinern. Unter Babur, Humayun und Akbar handelte es sich weitgehend um Muslime mit einem zentralasiatischen oder persischen Migrationshintergrund.

Ein Großemir war normalerweise mit vier Jahren in eine Koranschule gekommen. Nachdem er hier die Heilige Schrift auswendig gelernt hatte und ihm Lesen und Schreiben vermittelt worden waren, erhielt er weiterführenden Privatunterricht, um schließlich eine Medrese, also eine islamische Hochschule, besuchen zu können. Dort studierte er bei bekannten Gelehrten die klassischen Rechtswerke und die maßgeblichen theolo-

gischen Abhandlungen. Hierfür benötigte er auch grundlegende
Kenntnisse in der arabischen Grammatik, Lexik und Syntax.
Des weiteren befaßte er sich mit den Rechtsfindungsprinzipien,
Koranexegese, den Überlieferungswissenschaften, scholastischer
Philosophie und der Logik. Die stark theologisch geprägte Aus-
bildung wurde erst modifiziert, als Akbar einen neuen Fächer-
kanon bestimmte, der Bereiche wie Ethik, Mathematik, Land-
wirtschaft, Geschichte, Geometrie umfaßte. Erst durch diese
Verschiebung der Lernziele war eine gemeinsame Schulung von
Hindus und Muslimen möglich.

Die Ausbildung der Großemire war aber keineswegs auf intellektuelle Fähigkeiten beschränkt. Da sie sich auch im Kampf be-
währen mußten, wurde viel Zeit darauf verwendet, sie mit den
Kriegskünsten und -techniken vertraut zu machen. Auch der
rechte Gebrauch der verschiedenen Waffen gehörte dazu. Letzten Endes galt es, aus ihnen fähige Kommandeure zu machen,
die in der Lage waren, die ihnen anvertrauten Truppen zum Sieg
zu führen.

Das Schrifttum, das während der Mogulzeit entstand, ist viel
zu umfangreich, als daß hier auch nur annähernd auf die verschiedenen Genres und die vielen Autoren eingegangen werden
kann. Daher sollen hier nur einige Informationen und zwei
repräsentative Einzelfälle vorangestellt werden. Kurz nach dem
Tode des Mogulherrschers Akbar im Jahre 1605 wurde in der
herrscherlichen Bibliothek Inventur gemacht. Die Bestände be-
liefen sich auf 24 000 Bände mit einem Wert von 6 463 731 Rupien. Abu l-Fazl Allami berichtet:

Die Bibliothek Seiner Majestät ist in verschiedene Bereiche eingeteilt.
Einige der Bücher befinden sich innerhalb, einige außerhalb der innersten Palasträume. Jede Abteilung der Bibliothek ist noch einmal unterteilt, je nach dem Wert der Bücher und der Wertschätzung der Wis-
senschaften, von denen sie handeln. Prosawerke, poetische Arbeiten,
Bücher in Hindi, Persisch, Griechisch, Kashmiri oder Arabisch – sie alle
werden gesondert voneinander aufbewahrt. Dieser Anordnung nach
werden sie auch inspiziert. Erfahrene Männer bringen sie täglich zum
Vorlesen zu Seiner Majestät, der (sich auf diese Weise) jedes Buch von
Anfang bis Ende anhört. Auf derjenigen Seite, auf der der Vorleser an

einem Tage aufhört, macht Seine Majestät mit eigenem Stift ein Zeichen, das der Zahl der (gelesenen) Seiten entspricht, und entlohnt den Vorleser mit einer Summe in Gold oder Silber, die (ebenfalls) der Zahl der von ihm verlesenen Blätter entspricht. Von den bekannten Büchern gibt es nur wenige, die sich nicht in den herrscherlichen Hallen befinden. Es gibt (daher) kein historisches Ereignis der Vergangenheit, keine interessanten wissenschaftlichen Phänomene und keine wichtigen philosophischen Standpunkte, mit denen Seine Majestät – ein Führer unparteiischer Weiser – nicht vertraut ist.

Leider sind die meisten Handschriften aus der Bibliothek Akbars Mitte des 18. Jahrhunderts Plünderungen, Brandschatzungen und willkürlichen Verkäufen zum Opfer gefallen. Damit wir aber zumindest einen Einblick in die Produktivität höfischer Intellektueller erhalten, wenden wir uns hier noch einmal den Werken der beiden gelehrten Chronisten Abd al-Qadir Bada'uni und Abu l-Fazl Allami zu:

Abd al-Qadir Bada'uni (gest. 1597/98): An seinem Lebenslauf kann man einerseits sehen, wie hoch ein gesellschaftlicher Niemand aufgrund seiner Fähigkeiten am herrscherlichen Hofe aufsteigen konnte. Andererseits illustriert seine Vita auch die unbedingte ideologische Loyalität, die ein Pad(i)shah von einem Gelehrten forderte, dem er jährlich eine nicht unbeträchtliche Apanage zahlte. Wich dieser in seinen Auffassungen von der vorgegebenen herrscherlichen Linie ab, so lief er Gefahr, über kurz oder lang seine Pfründe wieder zu verlieren.

Bada'uni erhielt eine sehr gute Ausbildung. Unter anderem hörte er in Agra bei Scheich Mubarak Nagauri, dem Vater Abu l-Fazl Allamis. Es wird berichtet, daß sich Bada'uni insbesondere für die Traditionswissenschaften, die Dichtkunst und die Prosaliteratur in arabischer und persischer Sprache sowie für indische Astrologie und persische Musik interessiert habe. Aufgrund seiner Gelehrsamkeit und seiner guten Beziehungen fand er Zugang zum Hof in Agra. Akbar war von Bada'uni sehr beeindruckt und übertrug ihm das Amt eines Vorbeters. Darüber hinaus setzte der Herrscher Bada'uni im Kampf gegen die Religionsgelehrten ein, indem er ihm Zutritt zu den Diskussionsrunden in der *ibadat-khana* gewährte. Der Machthaber wußte, daß Bada'uni trotz seiner konservativen Grundeinstellung das Machtstreben der von Abd an-Nabi und Makhdum al-Mulk Sultanpuri (gest. 1584/85) angeführten Religionsgelehrten, die zu dieser Zeit die Versorgungslehen kontrollierten, strikt ablehnte. Da Bada'uni den synkretistischen Praktiken Akbars zunehmend kritisch gegenüberstand, verlor er im Laufe der Zeit das Vertrauen des Herrschers. Seine Lage wurde so schwierig, daß er den Hof verlassen mußte und isoliert und vereinsamt zwischen 1595/96 und 1615 starb.

Bada'unis Nachruhm gründet sich hauptsächlich auf sein 1590 begonnenes Werk *Muntakhab at-tawarikh* («Eine Zusammenfassung von [verschiedenen] Chroniken»), eine Geschichte Indiens vom 11. Jahrhundert bis zum Jahre 1595/96. Es konnte zu Lebzeiten des Autors nicht veröffentlicht werden, da es kritische Bemerkungen über Akbars Religionspolitik enthielt.

Bada'uni gehört zu jenen Historikergelehrten, die neben ihrer Chronik eine Reihe von anderen Werken geschrieben haben. So trat Bada'uni unter dem Pseudonym Qadiri auch als Dichter hervor, doch sind seine sämtlichen poetischen Werke verlorengegangen. Des weiteren verfaßte er neben einer mystischen Abhandlung und einem Traktat über das Astrolab auch eine Sammlung von Qasiden, also längeren Poemen, über die Verdienste des Heiligen Krieges (*jihad*) (1581). Ferner war Bada'uni auch als Übersetzer aus dem Sanskrit tätig. Hier haben wir Kenntnis unter anderem von einer Übertragung des *Ramayana* (1584–1589) und des *Mahabharata* (1582) aus seiner Feder. Schließlich schrieb er – zusammen mit anderen Gelehrten – anläßlich der muslimischen Milleniumsfeierlichkeiten die Chronik «Jahrtausendchronik» (1591–1592) sowie auf Wunsch Akbars eine kurze Geschichte Kashmirs (1590–1591).

Abu l-Fazl Allami: Neben dem oben bereits erwähnten *Akbar-nama* (Seite 43) sind viele Briefe und offizielle Schreiben Abu l-Fazls erhalten. Sie liegen uns in einer von seinem Neffen und Schwiegersohn Abd as-Samad b. Afdal Muhammad unter dem Titel *Maktubat-i Allami (*«[Abu l-Fazl] Allamis Briefe») oder *Insha'-i Abu l-Fazl* («Abu l-Fazls offizielle Korrespondenz») zusammengetragenen dreibändigen Sammlung vor. Der erste Band (*daftar*) umfaßt 18 Episteln und Dokumente, die Abu l-Fazl im Namen Akbars in der Zeit von 1582 bis 1597 erstellt hat. Im zweiten Band kann man 104 private Briefe und Petitionen aus der Zeit von 1584 bis 1601 lesen. Der abschließende Teil vereinigt kleinere Prosawerke aus der Feder des Gelehrten. Neben einer 1588 auf Wunsch Akbars angefertigten Version des *Anvar-i Suhayli* («Das Licht des Canopus»), der bekannten persischen Überarbeitung der Fabelsammlung *Kalila wa-Dimna* («Kalila und Dimna») aus der Feder Husayn Vaʿiz Kashifis (gest. 1504), und einer kurzen Zusammenfassung seiner religiösen Ansichten präsentierte Abu l-Fazl dem Herrscher eine Kurzform des berühmten «Papageienbuchs». In diesem Werk werden die Bemühungen eines weisen Papageien geschildert, der durch seine unterhaltsamen Geschichten die junge Gemahlin eines sich dauernd auf Reisen befindlichen Kaufmannes vom Ehebruch abhält. Schließlich verfaßte Abu l-Fazl noch die Vorworte zu der bereits genannten «Jahrtausendchronik» und zu der Übersetzung des *Mahabharatas* durch Badaʾuni.

Stellvertretend für viele historiographische Werke sei an dieser Stelle das in fünf Bücher unterteilte *Aʾin-i Akbari* (s. o. S. 60) kurz vorgestellt: Das erste Buch beschreibt die herrscherliche Administration. Unter anderem geht Abu l-Fazl ein auf verschiedene Ministerien und Ämter, auf die unter herrscherlicher Kontrolle stehende Mine, die Lebensmittelpreise und die herrscherlichen Manufakturen. Darüber hinaus finden wir Anmerkungen zur Kalligraphie und Malerei, den Waffenbeständen des Heeres und den königlichen Ställen. Schließlich erfährt der Leser sogar noch einiges über die Kosten von Baumaterialien und die Löhne der Arbeiter. In dem zweiten Buch des *Aʾin-i Akbari* geht es zuerst um die Einrichtungen der Armee. Behandelt werden die verschiedenen Einheiten und die Bezahlung der Soldaten. Ein Unterkapitel beschäftigt sich mit den Versorgunglehen und Pfründen, ein anderes mit Heiratsangelegenheiten und ein drittes mit Fragen der Erziehung. Zu guter Letzt gibt uns der Verfasser eine Liste mit den Inhabern eines Ranges (*mansabdar*) sowie eine Übersicht über Leben und Werk der Heiligen, Gelehrten, Poeten und Musiker der Akbarzeit. Das dritte Buch des *Aʾin-i*

Akbari setzt ein mit einer historischen Abhandlung über etwa zwanzig unterschiedliche Zeitrechnungen. Daran schließt sich eine ausführliche Erörterung der Qualifikationen für ein administratives Amt an. Des weiteren werden die vier zur Besteuerung freigegebenen Formen von Ländereien genannt und dem Leser in diesem Zusammenhang ausführliche Steuertabellen präsentiert. Dieser Teil des *A'in-i Akbari* endet mit einem Bericht über die Geographie, Geschichte und wirtschaftliche Lage der einzelnen Provinzen des Mogulreiches. Das vorletzte Buch des *A'in-i Akbari* befaßt sich mit der Geschichte, den Bräuchen und den wissenschaftlichen Leistungen der Hindus. Bevor dann das Werk mit einer kurzen Autobiographie und einem Schlußwort Abu l-Fazls endet, können wir uns in einem Schlußakt noch an den gesammelten weisen Aussprüchen Akbars erfreuen.

Mit der Aufnahme Abu l-Fazl Allamis in den engsten Beraterstab des Herrschers um 1580 begann die Ausformulierung einer neuen Herrschaftsideologie, die sich bis dahin eher in symbolischen Handlungen – etwa in der Wahl Agras und später Fathpur Sikris zur Hauptstadt des Reiches oder die Rückkehr Akbars zur timuridischen Zeltpolitik – gezeigt hatte.

Damit sind wir bei dem Thema der akbarzeitlichen Architektur. Akbar hat auch in diesem Bereich deutliche Spuren hinterlassen. Mit seiner Bautätigkeit erhielt die Mogularchitektur ihren spezifischen Charakter, der sie im Laufe der Zeit von ihren timuridischen Vorbildern unterschied. Mit Hilfe der zahlreichen Handwerker und Künstler, die aus den neuen Provinzen des Reiches an den herrscherlichen Hof kamen, wurde ein überregionaler Stil geprägt, der eine Synthese aus indischen, timuridischen, zentralasiatischen und iranischen Elementen darstellt. Das auffälligste Merkmal ist die Verwendung des roten Sandsteins, einer Farbe, die nur den Zelten des Pad(i)shahs vorbehalten war. Timuridischer Einfluß hallt deutlich in der Gewölbearchitektur nach, die man für die Mausoleen, kleineren Paläste und Moscheen, Vergnügungspavillons, Bäder und Karawansereien benötigte. Das erste große Bauwerk, das Akbar in Auftrag gab, war die Grabanlage seines Vaters, Humayun. Die imperiale Größe symbolisierenden Monumentalgräber sind sicher-

Das Mausoleum Humayuns ist ein frühes Beispiel für die imperiale Monumental-
architektur des Mogulreiches. Offenbar begann die Witwe des Mogulherrschers
mit Hilfe des iranischen Architekten Mirza Ghiyath mit dem Bau des Grabmals. Die
Ummauerungen waren bereits zu einem früheren Zeitpunkt vollendet worden.
Das gesamte Ensemble, zu dem auch einige andere Gräber, eine Moschee und mehrere Türme gehören, besteht aus rotem Sandstein, der mit weißem und farbigem
Marmor durchsetzt ist.

lich für die Mogulzeit ganz typische Gebäudekomplexe. Hinzu
kommen noch die über das ganze Reich verteilten palastartigen
Festungen. In Agra ließ man nicht nur das aus der Lodi-Zeit
stammende Ensemble umgestalten, sondern begann unter Verwendung des erwähnten roten Sandsteines auch mit dem Bau
eines stattlichen Forts. Später kamen noch die Festungen in
Allahabad, Lahore und Ajmer hinzu. Zusammen formten sie
eine Art Ring herrscherlicher Machtpräsenz um das Zentrum
des Reiches.

Eine feste Hauptstadt oder permanente Residenzen gab es
unter Akbar nicht. Sein Hof, einschließlich der Verwaltung, der
Schatzkammer, des Waffenarsenals und der Ställe, zog von
einem Ort zum anderen, ohne irgendwo länger als nötig zu ver-
weilen. Strategisch wichtige Anlaufstellen des riesigen Trosses
bildeten allerdings Agra, Lahore und Fathpur Sikri. Bevor angesichts einiger gefährlicher Uzbekenangriffe aus dem Nord-

Die Moscheeanlage von Fathpur Sikri beherbergt unter anderem das Grabmal von Scheich Salim Chishti. Der monumentale, 54 Meter hohe Haupteingang («Buland Darwaza») mit der eindrucksvollen Freitreppe wurde 1571 erbaut.

westen von 1585 bis 1598 Lahore so etwas wie das heimliche Zentrum des Reiches wurde, war Akbars offizieller Herrschersitz die von ihm gegründete Stadt Fathpur Sikri.

Wir haben weiter oben schon gehört, daß dem kinderlosen Akbar einst die Geburt eines Sohnes vorhergesagt worden war. Zwei Jahre nach der Geburt des Knaben begann der Herrscher mit dem Bau der Stadt, die er für den Fall, daß sich die Prophezeiung erfüllen sollte, gelobt hatte. Nach seinem erfolgreichen Feldzug nach Gujarat im Jahre 1574 hatten ihm seine Männer die Anlage, die er Fathpur, «Siegesstadt», nannte, fertiggestellt. Kurz nach seinem Tode gab man sie wieder auf, so daß sie allmählich verfiel. Fathpur sollte einerseits ein islamisches Symbol sein. Die Freitagsmoschee gehört zu den imposantesten Sakralbauten der Mogulzeit. Ebenfalls befindet sich das Grabmal des 1571 verstorbenen Shaykh Salim Chishti dort. Andererseits findet sich auch der für Akbar so typische Synkretismus in den Bauwerken wieder. Die Vorbilder für viele Gebäude sind in Gujarat, Malwa, Rajasthan, in Zentralasien und im Delhi-Sultanat zu suchen. Vorherrschend ist bemerkenswerterweise die Dominanz der Techniken und Stile aus dem kurz vor der Gründung der Stadt eroberten Sultanat von Gujarat, die ihrerseits eine gelungene Symbiose von muslimischen, vorislamischen hinduistischen und aus der Jaina-Kultur stammenden Stilelementen darstellt.

Jahangir (1605–1628) und Shah Jahan (1628–1659)

Der am 31. August 1569 von einer Maryam az-Zamani genannten Rajputin (gest. 1623) in Fathpur Sikri mit dem Namen Salim geborene Jahangir kam nach dem Tode seines Vaters im Jahre 1605 an die Macht. Beinahe hätte er den Thron allerdings an seinen eigenen 17 jährigen Sohn Khusraw (gest. 1622) verloren, der von dessem Schwiegervater Mirza Aziz Kuka und dem einflußreichen Raja Man Singh (gest. 1614) favorisiert wurde. Die von den beiden Notabeln geplante Inthronisation Khusraws scheiterte jedoch an der mangelnden Unterstützung der Höflinge Akbars. Noch auf dem Totenbett hatte dieser nämlich seinem Sohn Jahangir die Insignien der Macht in Form eines Turbans, eines Ehrengewandes und seines Dolches überreicht.

Der Herrscher heiratete im Jahre 1611 die Tochter Ghiyath Beg I'timad ad-Dawlas (gest. 1622). In kurzer Zeit stieg Nur Jahan («Das Licht der Welt»), die eigentlich Mihr an-Nisa hieß, zur Lieblingsfrau des Pad(i)shahs auf. Sie baute sich eine politische Machtbasis auf, indem sie ihrem Vater den Posten des herrscherlichen Zentralbüros verschaffte und ihrem Bruder Asaf Khan (gest. 1641) ebenfalls zu einem hohen Posten innerhalb der Moguladministration verhalf. Zusammen mit Jahangirs zweitem Sohn Khurram, der 1612 Mumtaz Mahall, die Tochter

Asaf Khans, ehelichte, bestimmte dieses Triumvirat über zehn Jahre die Geschicke des Mogulreiches. Nach dem Tod Jahangirs sollte – so der Plan Nur Jahans – Shahriyar (gest. 1628), ein Stiefbruder Shah Jahans, die Macht im Reiche übernehmen. Erst allmählich entstand um Mahabat Khan (gest. 1634) eine einflußreiche Gegengruppe, die Khusraw als potentiellen Thronnachfolger favorisierte.

Als hochgebildeter und künstlerisch vielseitig interessierter Herrscher zog Jahangir eine Reihe von Gelehrten und Dichtern an seinen Hof. Er selbst verfaßte mit seinen *Tuzuk-i Jahangiri* («Jahangirs Memoiren») eine Art Autobiographie, die hinsichtlich ihrer künstlerischen Gestaltung nicht hinter den ihm als Vorbild dienenden Memoiren Baburs zurücksteht. Die Übersetzungen, die von Baburs Memoiren gemacht worden waren, dienten Jahangir als Vorlagen für sein Werk, wobei der Herrscher keine wirkliche Lebensbeichte geschrieben hat, sondern eher einen kontinuierlichen Bericht sowohl seiner Regierungszeit wie auch seiner prägenden Erlebnisse. Die erste Version der *Tuzuk-i Jahangiri* reicht von Jahangirs Thronbesteigung bis zum Ende seines 12. Regierungsjahres (1617). Nach Vollendung dieser Zeitspanne befahl der Pad(i)shah die Anfertigung von Kopien, die gebunden und an Verwandte und hochrangige Offizielle verteilt wurden. Die eigenhändigen Aufzeichnungen Jahangirs gehen bis zum Ende seines 17. Regierungsjahres (1622). Aufgrund seines sich verschlechternden Gesundheitszustandes betraute er den Historiker Mu'tamad Khan mit der Fortsetzung der *Tuzuk-i Jahangiri*. Dieser setzte den Bericht bis zum Beginn des 19. Regierungsjahres Jahangirs (1624) fort.

Die von Abu l-Fazl Allami und Akbar entwickelte «Gottesreligion» wurde von Jahangir grundsätzlich fortgesetzt, ohne daß der Sohn hier die gleiche Entschlossenheit wie der Vater an den Tag gelegt hätte. Jahangir blieb Muslim, obgleich man weiterhin nach eingehender Prüfung als Schüler (*murid*) in die neue quasimystische Religionsgemeinschaft aufgenommen werden konnte. Als dessen oberster Führer (*pir*) fungierte der Herrscher. Bei Hofe behielt der Pad(i)shah die von Akbar eingeführten Zeremonien und Regularien bei. Der neue Kalender blieb ebenso in Kraft wie die offizielle Durchführung vieler nicht-muslimischer Festivitäten. Eine Änderung gab es bei dem Sonnenkult. Konsequent ließ Jahangir den Begriff «Sonne» durch den numinosen Terminus «Licht» (*nur*) ergänzen und zum Teil ersetzen. Er selbst nannte sich jetzt *Nur ad-Din* («Licht der Religion»), und seine Gattin, Mihr an-Nisa, erhielt als Beinamen *Nur Jahan* («Licht der Welt»).

In seinen Memoiren gewährt der Mogulherrscher dem Leser einen – natürlich beschränkten – Einblick in seine Gedankenwelt. Die ungekünstelte Prosa Jahangirs erlaubt es, einige wichtige Einstellungen des Herrschers kennenzulernen.

1. Gewohnheiten. Jahangir neigte dazu, an bereits etablierten Gewohnheiten festzuhalten. Hierzu zählen beispielsweise das in Anlehnung an persische Bräuche von Akbar eingeführte Neujahrsfest, die Verehrung des Chishti-Scheiches Muʿin ad-Din durch den Besuch seines Mausoleums in Ajmer, die bereits erwähnte Zeremonie des «Aufwiegens» des Herrschers anläßlich seines Sonnen- und Mondgeburtstages oder der freie Zugang verschiedener Religionsgruppen zu seinem Hof.

2. Verhältnis zur Religion. Jahangir schreibt nicht explizit über seine Einstellung zur Religion, doch können wir seinen Memoiren entnehmen, daß er ein großes Interesse an dem muslimischen Glauben hatte. Sein Islamverständnis war weniger theologischer oder philosophischer Natur, sondern wurde eher von inneren Empfindungen geleitet. Es reichte von der innigen Verehrung verschiedener Heiliger bis zur offenen Verachtung von Religionsgelehrten, die sich in die Regierungsgeschäfte einzumischen versuchten und nach wie vor gegen die «Gottesreligion» wetterten.

Öffentlich trat er durchaus als einfacher gläubiger muslimischer Herrscher auf, der Wert darauf legte, daß der in seinem Reich praktizierte Islam dessen wahre Form sei. Er ermutigte Nichtmuslime zum freiwilligen Übertritt und verbot gleichzeitig gewaltsame Konversionen. Er verkehrte zwanglos mit vielen führenden Männern der unterschiedlichen muslimischen Gruppen, war aber auch entschlossen, gegen diejenigen vorzugehen, die – seiner Ansicht nach – häretische Meinungen verbreiteten.

Ein gutes Beispiel dafür ist Scheich Ahmad Sirhindi (gest. 1624). Die Kunde, die über diesen Gelehrten an das herrscherliche Ohr drang, ließ ihn als ketzerischen Aufrührer erscheinen. Kurzerhand befahl der Pad(i)shah, diesen ihm verdächtig vorkommenden Mann zu verhaften. Konnte Ahmad Sirhindi mit seiner Behauptung, daß er der «Erneuerer» des Islams sei und damit indirekt über göttliche Inspiration verfüge, die Aufmerksamkeit des Herrschers erregen, gibt es über andere bedeutende Religionsgelehrte der Zeit keinerlei Eintragungen in den Memoiren Jahangirs.

3. *Die öffentliche Zurschaustellung der eigenen Frömmigkeit.* Jahangir erwähnt in seiner Autobiographie, daß er während des Ramadan die zu beachtenden Vorschriften einhielt und am Ende des Monats das Fest des Fastenbrechens feierlich beging. Darüber hinaus gab er eine prunkvolle Übersetzung des Korans in einfaches Persisch in Auftrag und beeindruckte seine Leser durch die Nennung der verschiedenen muslimischen Praktiken und Gruppen in Kashmir. Ferner besuchte er Moscheen und Grabmäler muslimischer Heiliger wie Nizam ad-Din Awliya, Scheich Ahmad Khattu oder Scheich Salim Chishti. Wichtig war ihm auch der regelmäßige Aufenthalt an den Mausoleen der früheren Pad(i)shahs. So berichtet Jahangir detailliert von seinen Wallfahrten zu den Gräbern Humayuns und Akbars und schildert ebenso mit einigem rhetorischen Geschick seinen Aufenthalt in der Stadt Kabul, wo sich Baburs letzte Ruhestätte befand.

4. *Verhältnis zum Sufitum.* Eine enge Beziehung pflegte Jahangir zu mystischen Gruppierungen und zu einzelnen berühmten Sufis. Er fühlte sich sichtlich wohl in der Gesellschaft dieser Männer. Er unterstützte sie mit Geldspenden, beobachtete sie bei ihren ekstatischen religiösen Zeremonien oder diskutierte mit ihnen über theologische Fragen. Für einzelne Derwische übernahm er sogar die Patronage. Wie schon bei seinem Vater stand im Mittelpunkt der herrscherlichen Verehrung Khwaja Mu'in ad-Din Chishti. Jahangir beginnt seine Memoiren daher nicht grundlos mit der Beschreibung dieses Mannes, den er «die Quelle der meisten Heiligen Indiens» nennt. Im Herbst des Jah-

res 1613 wurde der Hof nach Ajmer verlegt, um Khurrams Feldzug nach Mewar besser verfolgen zu können. Der dortige Machthaber, Rana Amra Singh (gest. 1619), hatte sich nämlich dem Herrschaftsanspruch des Mogulherrschers widersetzt. Der Pad(i)shah schickte daraufhin seinen Sohn Parviz (gest. 1626) in die Region, doch endete dessen Unternehmung mit einem Fehlschlag. Erst als Jahangir sich selbst im Jahre 1613 zusammen mit seinem Sohn Khurram nach Mewar aufmachte, stellte sich der gewünschte Erfolg ein. Rana Amra Singh erkannte die Oberhoheit der Muslime an und erklärte sich zur Zahlung jährlicher Abgaben bereit. Als Sicherheitsgarantie behielt man Karan (gest. 1628), den Sohn des Ranas, als Ehrengast am Hof und gab ihm einen Rang von 5000. Letztlich blieb Jahangir von 1613 bis Ende 1616 in Ajmer. Während dieser Zeit stattete der Pad(i)shah der Grabstätte Muʿin ad-Din Chishtis – nach eigener Zählung – insgesamt neun Besuche ab.

Die Kapitulation des Ranas von Mewar wirkte auf viele unabhängige Fürsten im Norden Indiens wie ein Signal. Widerstand gegen die Moguln schien nunmehr sinnlos zu sein. Kein noch so zurückgelegenes Versteck in den Bergen oder in den Wüstenregionen war sicher vor den Truppen des Herrschers. Selbst solche stolzen Rajas wie der Herr über Kathiawar, einer entlegenen Halbinsel in Gujarat, der niemals persönlich am Hofe Akbars erschienen war, beschloß, sich vor Jahangir niederzuwerfen und seine Oberhoheit anzuerkennen. Kein Regionalfürst konnte fortan ohne die offizielle schriftliche Zustimmung und Einsetzung Herrschaft ausüben. Wir wissen von zahlreichen Orten, die erst jetzt ernsthaft gezwungen werden konnten, ihre Abgaben an die muslimischen Statthalter zu zahlen. Letzten Endes war der Mogulherrscher in der Lage, im Falle von unbotmäßigem Verhalten sofort eine Strafexpedition in die entsprechenden Provinzen zu unternehmen.

5. Verhältnis zum Hinduismus. Die in den Memoiren zum Ausdruck gebrachte Einstellung Jahangirs zum Hinduismus ist durchaus bemerkenswert. Immerhin hingen dieser Religion seine Mutter und sieben seiner Frauen an. Dies und die Fortführung der Akbarschen Religionspolitik im weitesten Sinne führten bei dem Herrscher zu einer merkwürdigen Mischung aus Neugierde, Bewunderung und gelegentlicher Ablehnung. Den Memoiren Jahangirs entnehmen wir, daß er bereits 1605 mit einigen Hindu-Pandits über die Beziehung zwischen einem Hochgott und dessen verschiedenen Inkarnationen diskutierte. Zwei Jahre später notiert Jahangir, daß er sich zu einem Platz begeben habe, an dem man Jogis verehrt, um von ihnen Segensworte zu empfangen. 1613 waren seine Kenntnisse des Hinduismus bereits so gut, daß er seinen Lesern einen genauen Bericht über das Kastenwesen geben konnte. Auf der anderen Seite berichtet uns der Herrscher aber auch, daß er einige hinduistische Tempel zerstören ließ, weil er über gewisse dort betriebene Bräuche verärgert gewesen sei.

Diese Bereitschaft, im Zweifelsfall hart durchzugreifen, zeigt sich auch bei dem Konflikt mit den Sikhs. Arjun Singh (gest. 1606), der 5. Sikh-Guru, der seinerzeit Khusraw unterstützt hatte, wurde zum ersten Märtyrer im Kampf gegen die Moguln. Arjun Singhs Nachfolger Har Govind (Hargubind) Singh (gest. 1645) ließ man verhaften und in Gwalior für zwei Jahre einkerkern. Beide Sikh-Führer nahm Jahangir offensichtlich als Bedrohung seiner Machtposition wahr und behandelte sie dementsprechend. Andererseits lernen wir aus den *Tuzuk-i Jahangiri*, daß der Pad(i)shah – wie schon sein Vater Akbar – eine Reihe berühmter nichtmuslimischer Heiliger aufsuchte, um sich mit ihnen über Fragen der Religion zu unterhalten. Das beste Beispiel hierfür ist der in einer Höhle in der Nähe von Ujjayn hausende Sanyasi-Asket Gusayn Jadrup. Dreimal pilgerte der Mogulherrscher zum Wohnort Jadrups, um mit ihm lange Gespräche über die Unterschiede und Gemeinsamkeiten von Hinduismus und Islam zu führen.

Es ist deutlich zu spüren, daß Jahangir durch diese Diskussionen der anderen Religionsform gegenüber eine tolerantere Einstellung gewann. Dennoch hielt er an seinem Verbot der Witwenverbrennung fest. Auch in der Folgezeit erwies er den hinduistischen Heiligen seine Gunst und setzte seine Gespräche mit Brahmanen über theologische Fragen fort. Doch trotz dieser gelehrten Unterredungen blieb bei Jahangir – wie sein Besuch eines Durga-Tempels im Jahre 1622 zeigt – eine tief in seinem Innersten verwurzelte Abneigung gegenüber den religiösen Praktiken der Hindus.

Über die restliche Lebenszeit Jahangirs informieren uns die zeitgenössischen Chroniken: Nur Jahan und Khurram entzweiten sich. Der Sohn des Herrschers versuchte vom Dekkhan aus, die Macht an sich zu reißen, doch gelang es Mahabat Khan, den Aufstand niederzuschlagen. Hierauf marschierte er selbst, unterstützt von Parviz, 1626 nach Agra, wo er Jahangir unter Hausarrest stellen ließ. Als Parviz jedoch kurz darauf starb, brach die Rebellion zusammen. Mahabat Khan mußte fliehen. Er verbündete sich mit Prinz Khurram, worauf Nur Jahan Khan Jahan Lodi (gest. 1631) zum obersten Befehlshaber ernannte und ihm den Auftrag erteilte, gegen die Abtrünnigen vorzugehen.

Allerdings starb Jahangir am 28. Oktober 1627. Unmittelbar nach dem Tod des Mogulherrschers ergriff der Wesir Asaf Khan die Initiative. Mit unerwartetem Engagement ging er gegen ihren Plan vor, Shahriyar zum neuen Herrscher zu küren. Er ordnete an, den Thronprätendenten festzusetzen. Darüber hinaus gelang es ihm, die drei jüngsten Söhne Khurrams unter seine Kontrolle zu bringen. Schließlich schickte der Wesir einen Boten zu dem 2000 km entfernten Khurram auf den Dekkhan, um ihn zurückzuholen. Gleichzeitig konnte er die Mehrheit der Notabeln dazu bewegen, für die Übergangszeit bis zur Ankunft des neuen Pad(i)shahs Dawar Bakhsh (gest. 1628), den jüngsten Sohn Khusraws, zum Herrscher zu küren. Nach einem Sieg bei Lahore gegen Shahriyar und seine Verbündeten war der Weg frei für die Inthronisierung Khurrams.

Khurram, dem 1616 der Ehrenname Shah Jahan verliehen wurde, war der Sohn von Jahangir mit dessen Rajputenfrau Manmati. Schon als Jugendlicher vertraute man ihm die Führung eines Feldzugs nach Mewar (1614) an. Danach war er von 1616 bis 1621 Statthalter auf dem Dekkhan. Im Jahre 1622 beteiligte er sich maßgeblich an der Ermordung seines mit ihm um die Macht konkurrierenden Bruders Khusraw. Diese Untat beflügelte ihn offenbar so sehr, daß er ein Jahr später ganz offen seine Unabhängigkeit erklärte. Herrscherliche Truppen vertrieben ihn allerdings aus den mittelindischen Provinzen. Er floh nach Bengalen, doch auch dort wurde er im Feld geschlagen. Ihm blieb nichts anderes übrig, als sich wieder auf den Dekkhan zu begeben und sich seinem Vater reumütig zu ergeben (1626). Mit Hilfe von Asaf Khan kam Khurram dann, wie wir sahen, 1628 als Shah Jahan auf den Thron. Sofort ließ er – ein Novum in der Geschichte des Mogulreiches! – seine nächsten männlichen Verwandten umbringen. Ihre Gefolgschaft nahm er großzügig in seine eigenen Reihen auf. Nun war Shah Jahan der unumstrittene Herrscher über den größten Teil Südasiens. Seine militärische Macht war beeindruckend und sein Reichtum sprichwörtlich. Bis 1648 residierte er in Agra, anschließend führte er die Amtsgeschäfte von seiner neuen, in der Nähe von Delhi gelegenen Hauptstadt Shahjahanabad aus.

1629 floh Khan Jahan Lodi, ein hoher Offizier und enger Berater Jahangirs, auf den Dekkhan nach Ahmadnagar zu dem dortigen Herrscher aus der Nizam-Shah-Dynastie. Shah Jahan entsandte sofort drei Armeen in den Süden. Er selbst zog mit seinem Hofstaat 1630 nach Burhanpur. Zwar gelang es sehr schnell, den abtrünnigen Khan Jahan Lodi gefangenzunehmen, doch wurde das eigentliche Ziel, nämlich die Eroberung des Dekkhans, aufgrund einer verheerenden Seuche noch nicht erreicht. Anderen Ortes spürte man hingegen sehr wohl die großen Expansionsanstrengungen der Zentralmacht. Gegenden, die vorher nur sehr oberflächlich von der Moguladministration in den Herrschaftsraum einbezogen worden waren, gliederte man nun vollständig in die Verwaltung ein. Ein gutes Beispiel ist das kleine Rajputenreich von Baglana, das etwas abseits der Hauptverkehrswege zwischen Surat und Burhanpur lag. Jahrhundertelang war es muslimischen Herrschern gegenüber tributpflichtig, wurde aber ansonsten in Ruhe gelassen. Nun aber, im Jahre 1637, marschierten die Truppen des Pad(i)shahs ein und annektierten den Herrschaftsverbund. Der Raja von Baglana wurde zum Emir ernannt, erhielt aber sein Königtum nicht als Lehen zurück. Stattdessen bildete Baglana fortan einen Distrikt innerhalb der Provinz Khandesh. Verwaltet wurde es von einem aus der Zentrale eingesetzten Statthalter, dem die Beamten der Provinzregierung zur Verfügung standen. Mit Hilfe einheimischer Dorfvorsteher und lokaler Notabeln zog man die obligatorischen Steuern ein. Schon der Sohn des Rajas konvertierte zum Islam und bekam den Ehrentitel «Daulmatmand Khan» verliehen. Sein Gehalt bestand aus genau taxierten Abgaben eines in der Provinz gelegenen Bezirkes.

In den 1660er Jahren griff Shah Jahan seinen früheren Plan auf, die noch immer unabhängigen muslimischen Sultanate auf dem Dekkhan seinem Reich einzuverleiben. 1347 hatte sich dort das sogenannte Bahmanidensultanat etablieren können. Am Ende des 15. und zu Beginn des 16. Jahrhunderts erklärten sich verschiedene bahmanidische Statthalter für unabhängig und gründeten eigene Dynastien. Auf diese Weise entstanden die Sultanate von Ahmadnagar, Bijapur, Berar, Bidar und Golkonda. Berar und Bidar gingen alsbald in dem Sultanat von Ahmadnagar auf.

Im Jahre 1636 konnte Shah Jahan Ahmadnagar erobern. Dies war ein enormer Erfolg, für den ihn die Bevölkerung und die Notabeln in den höchsten Tönen priesen. Als ihm dann auch noch gelang, Golkonda und Bijapur tributpflichtig zu machen, stand der Pad(i)shah auf dem Gipfel seiner Macht. Der Reichschronist Abd al-Hamid Lahawri (gest. 1654) schließt seine Darstellung der herrscherlichen Regierungszeit bis zum Jahre 1646/47 mit einer Gesamtschau der Leistungen des Pad(i)-shahs. Vier Punkte fand er besonders erwähnenswert: 1. Zuerst läßt der Geschichtsschreiber seinen Blick über das Reich schweifen: Die Herrschaft der Moguln, die niemals zuvor größer gewesen war, reichte nun von Sind bis nach Brahmaputra und von Balkh bis zu den Südgrenzen des Dekkhans. Insgesamt waren es 22 Provinzen mit 4350 Bezirken. 2. Lahawri weist dann auf die immensen Einnahmen des Reiches hin. Durch den Zugewinn der dekkhanischen Provinzen und die Eingliederung von Ahmadnagar in das Reich lag die Gesamtsumme um 20 Prozent über dem 25 Jahre zuvor ermittelten Wert. 3. Erwähnenswert findet der Autor auch die Neustrukturierung der Kronländer. Fortan floß ein Siebtel aller Steuererträge in die Kasse des Herrschers.

Die fünf muslimischen Reiche auf dem Dekkhan

1. Die Imad-Shahi-Dynastie in Berar (1491–1574)
Ala ad-Din b. Fath Allah (reg. 1491–1533)
Darya b. Ala ad-Din (reg. 1533–1562)
Burhan b. Darya (reg. 1562–1574)

2. Die Barid-Shahi-Dynastie in Bidar (1487–1619)
Qasim I Barid (reg. 1487–1504)
Amir Barid b. Qasim (reg. 1504–1543)
Ali b. Amir Barid (reg. 1543–1579)
Ibrahim b. Ali (reg. 1579–1589)
Qasim II (reg. 1589–1592)
Mirza Ali b. Qasim (reg. 1592–1609)
Amit Barid II (reg. 1609)
Mirza Wali Amir Barid III (reg. 1609–1619)

3. Die Nizam-Shahi-Dynastie in Ahmadnagar (1490–1636)
Ahmad Nizam Shah (reg. 1490–1509)
Burhan I b. Ahmad (reg. 1509–1554)
Husayn I b. Burhan (reg. 1554–1565)
Murtada I b. Husayn I (reg. 1565–1589)
Husayn II b. Murtada I (reg. 1589–1590)
Isma'il b. Burhan II (reg. 1590–1591)
Burhan II b. Husayn b. Burhan I (reg. 1591–1595)
Ibrahim b. Burhan II (reg. 1595)
Bahadur b. Ibrahim (reg. 1595–1600)
Murtada II b. Ali b. Burhan I (reg. 1600–1610)
Burhan III (reg. 1610–1632)
Husayn III b. Murtada II (reg. 1632–1636)

4. Die Adil-Shahi-Dynastie in Bijapur (1490–1686)
Yusuf b. Adil Khan (reg. 1490–1510)
Isma'il b. Yusuf (reg. 1510–1534)
Mallu b. Isma'il (reg 1534–1535)
Ibrahim I b. Isma'il (reg. 1535–1558)
Ali I b. Ibrahim I (reg. 1558–1579)
Ibrahim II b. Tahmasp b. Ibrahim I (reg. 1579–1626)
Muhammad b. Ibrahim II (reg. 1626–1656)
Ali II b. Muhammad (reg. 1656–1672)
Sikandar b. Ali (reg. 1672–1686)

5. Die Qutb-Shahi-Dynastie in Golkonda (1496–1687)
Sultan Quli Qutb al-Mulk (reg. 1496–1543)
Yar Quli Jamshid b. Sultan Quli (reg. 1543–1550)
Subhan b. Jamshid (reg. 1550)
Ibrahim b. Sultan Quli (reg. 1550–1580)
Muhammad Quli b. Ibrahim (reg. 1580–1612)
Muhammad b. Muhammad Amin b. Ibrahim (reg. 1612–1626)
Abdallah b. Muhammad (reg. 1626–1672)
Abu l-Hasan (reg. 1672–1687)

Reserven wurden gebildet, und große Bauvorhaben konnten in Angriff genommen werden. 4. Schließlich nennt der Chronist noch die beinahe unglaubliche militärische Potenz des Reiches. 200 000 Kavalleristen stünden dem Herrscher zur Verfügung, wobei diese Zahl noch nicht einmal die Truppen einschlösse, die die Gouverneure vor Ort rekrutierten.

Zu dieser schönen Skizze der herrscherlichen Macht sollte gesagt werden, daß Lahawris Arbeit natürlich einer strengen Kontrolle unterlag: In jeder Phase der Niederschrift wurde der Text geprüft und mußte von einem hohen Beamten genehmigt werden. Nachdem dieser die jeweilige Rohfassung eines Abschnittes der Hofchronik durchgesehen hatte, wurde der Text dem Herrscher laut vorgelesen, woraufhin dieser dann für gewöhnlich noch so manche Verbesserungsvorschläge machte.

Das prächtige Bild hatte nämlich auch ein paar unschöne Flecken: Am Ende der 1640er Jahre unternahm Shah Jahan vier Feldzüge nach Transoxanien, die den Hauptteil der Mogulkräfte, sowohl in militärischer wie auch in finanzieller Hinsicht, banden. Letzten Endes führten die Unternehmungen zu keinem vorzeigbaren Erfolg, sondern rissen nur tiefe Löcher in den Staatssäckel. Hinzu kam eine in der zweiten Hälfte des 16. Jahrhunderts einsetzende intellektuelle Grundsatzdebatte zwischen, wenn man so möchte, konservativen und liberalen Gelehrten. Die Auseinandersetzungen spiegeln sich in der geistigen Haltung zweier Söhne des Herrschers wider, Dara Shukoh und Awrangzeb.

Dara Shukoh wirkte vor allem im religiösen Bereich: Sowohl im Hinduismus wie auch im Islam haben sich in Indien vor allem Mystiker und Gelehrte daran gemacht, die Gemeinsamkeiten beider Religionen zu benennen, um auf dieser Grundlage zu einer Synthese zu gelangen. So boten der berühmte Wanderasket Kabir (gest. 1518) und andere heilige Männer, die in der vom Volk getragenen hinduistischen *bhakti*-Tradition verwurzelt waren, einen Mittelweg an, der es sowohl Muslimen wie Hindus erlaubte, den Hindu-Gott Rama als eigenschaftslose Gottheit anzubeten. Andere, wie etwa Dawud Dayal (gest. 1603), teilten die Formen und Rituale der Gottesverehrung mit muslimischen Mystikern. Zudem war im Punjab zu Beginn des 16. Jahrhunderts eine ausgesprochen synkretistische Bewegung unter Führung des Gurus Nanak (gest. 1539) entstanden, die später in den Sikhismus mündete. Vieles deutet darauf hin, daß in dieser Zeit beinahe überall auf dem Subkontinent einfache Muslime und Hindus viele religiös konnotierte Bräuche, Zeremonien und Glaubensinhalte miteinander teilten. Daß die intensive geistige Auseinandersetzung muslimischer Denker mit den religiösen Vorstellungen der Hindus zu dem Versuch einer Symbiose beider Religionen führen konnte, verdeutlichen die Schriften Dara Shukohs. Dieser zeigte seit seiner frühesten Jugend kein großes Interesse an administrativen oder militärischen Aufgaben. Seine wahre Leidenschaft waren die Philosophie und Mystik. Auf diesen Gebieten trat er auch literarisch hervor. So stellte er etwa zwei Sammlungen von Biographien heiliger Männer zusammen und setzte sich in einer Studie intensiv mit dem Gedankengut des Mystikers Ibn al-Arabi (gest. 1240) auseinander. Im Zuge seines Studiums der esoterischen Seite des Islams befaßte er sich auch ausgiebig mit dem Hinduismus und versuchte, in seinem *Majma' al-bahrayn* («Der Zusammenfluß der beiden Meere», gemeint sind Hinduismus und Islam) zu Grundaussagen zu gelangen, die beiden Religionen gemein sind.

In der Person Awrangzebs fanden die konservativen Religionsgelehrten, die solche synkretistischen Tendenzen scharf verurteilten, ihren Fürsprecher. Er galt als überaus frommer Muslim, der es sehr ernst mit den religiösen Pflichten nahm. Der allgemeine

Wein- und Opiumkonsum bei Hofe war ihm ein Dorn im Auge. Statt dessen suchte er das Gespräch mit den Religionsgelehrten, studierte den Koran, die Rechtswerke und beschäftigte sich ausgiebig mit den Schriften des berühmten muslimischen Theologen al-Ghazali (gest. 1111). Darüber hinaus war er aber auch ein Soldat. Immerhin hatte er acht Jahre als Statthalter auf dem Dekkhan und drei Jahre in Gujarat gedient. Ferner hatte Shah Jahan ihn mit der ersten Balkh-Expedition und der Belagerung von Qandahar betraut. Nach 1652 wurde er noch einmal für weitere fünf Jahre auf dem Dekkhan eingesetzt, wo er angesichts vieler Mißstände und Gehorsamsverweigerungen Ruhe und Ordnung wiederherstellen sollte. Zu seinem Vater hatte er ein sehr gestörtes und schwieriges Verhältnis, da dieser offensichtlich seine Geschwister Dara Shukoh und Jahan Ara bevorzugte.

Als sich 1657 die Nachricht von einer ernsten Erkrankung des Herrschers verbreitete, kam es zum Bürgerkrieg zwischen seinen vier Söhnen, namentlich zwischen Awrangzeb, Dara Shukoh, Muhammad Shuja und Kam Bakhsh. Agierte Awrangzeb von den Dekkhan-Provinzen aus, so war der designierte Nachfolger Dara Shukoh bei Hofe in der Nähe des kranken Machthabers. Muhammad Shuja fungierte zu dieser Zeit als Statthalter von Bengalen, Bihar und Orissa, und Murad Bakhsh war Gouverneur von Gujarat und Malwa. In diesem Bruderkampf setzte sich Awrangzeb schließlich durch. 1658 ließ er seinen Vater in Agra gefangensetzen. Erst acht Jahre später starb Shah Jahan. Auch Dara Shukoh, den Awrangzeb aus der Hauptstadt vertrieben hatte, erging es kaum besser. Seinen Versuch, Islam und Hinduismus theoretisch zu vereinen, nahm der neue Pad(i)shah zum Vorwand, sich seiner zu entledigen. Nachdem Dara Shukoh durch Verrat in die Hände seines Bruders gefallen war, klagte ihn dieser öffentlich der Häresie an. Dieses Vergehens für schuldig befunden, ließ man Dara Shukoh im September 1669 hinrichten.

Kontinuitäten und Brüche.   Gab es bezüglich der «Gottesreligion»
während der Regierung Jahangirs durchaus Kontinuitäten, so
sind die Traditionslinien in dem herrscherlichen Rückbezug auf
die zentralasiatischen Wurzeln nicht so klar zu erkennen. Jahangir, der sich von Abu l-Fazls zugespitzter Herrschaftsvorstellung
distanzieren mußte, hatte er doch nicht nur gegen seinen eigenen
Vater rebelliert, sondern auch den Verfasser des *Akbar-namas*
ermorden lassen, zeigt in seinen Memoiren nur wenig Interesse
an Timur. Und dennoch führte auch er seine Genealogie nicht
über diesen hinaus und ließ in Kabul in der Nähe des Grabes
Baburs einen Stein errichten, auf dem er seinen eigenen Namen
und die seiner Vorfahren bis zum Gründer der Timuridendy-
nastie einzumeißeln befahl. Wie sehr aber selbst bei Jahangir
identitätsstiftende Rückbezüge zur zentralasiatischen Urheimat
vorhanden und zur ideologischen Machtabsicherung vor dem
Hintergrund permanenter Kontingenzerfahrungen nötig waren,
zeigen einige Passagen seiner Autobiographie. An einer Stelle
heißt es:

Meine Intention [...] bei dieser Empfehlung war zwiespältig: Da die
Eroberung Transoxaniens in dem reinen Verstand meines verehrten
Vaters stets präsent war, doch jedes Mal, wenn er sich dazu entschloß,
Dinge sich ereigneten, die dies verhinderten, würde ich, falls diese Angelegenheiten [d. h. die hinduistischen Herrscher zu unterwerfen, S. C.]
geregelt werden könnte und diese Gefahr aus meinem Kopf entschwun-
den wäre, (meinen Sohn) Parviz in Hindustan zurücklassen und mich
selbst – besonders in dieser Zeit, in der in dieser Region kein fester
(mächtiger) Herrscher vorhanden ist – in Vertrauen auf Gott zu meinen
Erbterritorien aufmachen.

Und einige Seiten später schreibt der Herrscher:

Seitdem ich mich dazu entschlossen hatte, Transoxanien zu erobern,
also das mir erblich zustehende Herrschaftsgebiet meiner Ahnen, hegte
ich den Wunsch, das Antlitz Hindustans von dem Unrat der Händel-
süchtigen und Rebellischen zu befreien und selbst – unter Zurücklassung
einer meiner Söhne in diesem Land – zusammen mit einem tapferen
Heer in angemessener Schlachtordnung, d. h. mit unglaublich würde-
vollen und sich rasch vorwärts bewegenden Elefanten, sowie mit einem

üppigen Vorrat an Kostbarkeiten und Geld die Einnahme der Gebiete meiner Vorfahren durchzuführen.

Es ist somit kein Wunder, daß dem Herrscher unter den anläßlich seiner Thronbesteigung verfaßten Chronogrammen folgendes besonders gut gefiel:

Der zweite während einer Glückskonstellation Geborene,
Shahanshah Jahangir,
saß recht und billig auf dem Thron des Glücks.
Wohlstand, gutes Geschick, Reichtum, Würde und Sieg
Standen mit zu seinen Diensten gegürteten Lenden frohlockend
vor ihm.
Das Datum seiner Thronbesteigung kam heran, als die Prosperität
Ihr Haupt dem *Sahib-i qiran-i thani* (dem zweiten Timur)
zu Füßen legte.

Die im Denken Jahangirs verankerte Ausrichtung auf die urheimatlichen Gefilde verdeutlichen auch die Gespräche, die der Mogulherrscher mit dem aus Zentralasien stammenden Gelehrten al-Asamm as-Samarqandi «Mutribi» (gest. nach 1626) führte. So zitiert Jahangir nicht nur Verse timuridischer Poeten, sondern erkundigt sich besorgt nach dem Zustand der Grabstätte Timurs, für deren Erhalt er 10 000 Rupien spendet, und zeigt sich sehr interessiert an dem Schicksal einiger mittelasiatischer Gelehrter und Machthaber.

Darüber hinaus war Jahangir auch ein eifriger Leser der «Siegeschronik» Sharaf ad-Din Ali Yazdis. Eine 1467/68 für den timuridischen Prinzen Aqa Mulla angefertigte Kopie, die heute in der Walters Gallery in Baltimore zu sehen ist, trägt das Siegel und die handschriftlichen Anmerkungen Jahangirs. Sein Selbstverständnis als berechtigter Erbe timuridischer Machtausübung wurde auch von außen wahrgenommen und akzeptiert. So redete der Safaviden-Shah Abbas (reg. 1587–1629) seinen indischen Kollegen in einem offiziellen Schreiben an als: «Er, der auf dem gurganischen Thron sitzt und der Erbe der Krone Timurs ist.»

Ungleich stärker als sein Vater berief sich Shah Jahan auf seine dynastische Verbindung zu Timur. So nahm er bei seiner

Krönung im Februar 1628 offiziell den Titel *Sahib-i qiran-i thani* an, und seine Hofchronisten Muhammad Amin Qazvini (gest. nach 1646/47) und Abd al-Hamid Lahawri nennen ihn gemeinhin «den Stolz der gurganischen Dynastie». Auch außenpolitisch wollte Shah Jahan offenbar seinen Anspruch auf ehemals timuridische Gebiete durch verschiedene Eroberungszüge geltend machen.

Wie sehr der Herrscher für die Legitimierung der eigenen Herrschaft durch die Betonung der dynastischen Verbindungen zu Timur sensibilisiert war, zeigt deutlich der Erfolg, den die sogenannten «Memoiren» Timurs bei Hofe hatten. Im Jahre 1637/38 präsentierte ein gewisser Abu Talib al-Husayni at-Turbati eine persische Übersetzung dieses Werkes dem Pad(i)-shah. Er selbst habe, wie er im Vorwort schreibt, das türkische Original bei einer Wallfahrt zu den heiligen Stätten Mekkas und Medinas in der Bibliothek des jemenitischen Gouverneurs Jaʿfar Pashas gefunden und benutzen dürfen. Shah Jahan war von den «Memoiren» Timurs insgesamt sehr angetan, doch mißfielen ihm offensichtlich der Stil des Werkes sowie einige dem *Zafar-nama* («Siegeschronik») des timuridischen Chronisten Sharaf ad-Din Ali Yazdis (gest. 1454) widersprechende Ereignisschilderungen. Er ließ daher 1637/38 al-Husaynis Version von Muhammad Afdal b. Tarbiyat Khan Bukahri (gest. 1651 oder 1652) entsprechend umarbeiten.

Die enge symbolische und identitätsstiftende Beziehung zwischen Shah Jahan und Timur drückt sich ebenfalls in den zeitgenössischen Miniaturmalereien aus. Auf einem um 1635 entstandenen Bild sieht man etwa, wie Timur seine Krone dem ersten Mogulherrscher Babur überreicht. Ein Werk mit ganz ähnlichem Motiv entstand 1653: Timur, zusammen mit Humayun und Babur auf einem Thron sitzend, überreicht eine die Macht symbolisierende Turbannadel an Babur. Erwähnt sei auch noch der zweiseitige Frontispiz in Muhammad Amin Qazvinis *Pad(i)shah-nama*, also im offiziellen Geschichtswerk der ersten zehn Regierungsjahre des Herrschers, auf dem Timur und Shah Jahan einander in die Augen blicken. Visuell drückte sich die sinnstiftende mogulzeitliche Rückbesinnung auf ihre timuridi-

schen Wurzeln natürlich besonders in der Architektur aus. Stellvertretend soll hier nur auf die Verbindungen zwischen Timurs
Mausoleum in Samarqand, Ulugh Begs (gest. 1449) letzter Ruhestätte in Ghazna, Humayuns Grab in Delhi und den Taj Mahall
in Agra hingewiesen werden.

Unter Shah Jahan entstand erstmals eine Reaktion der or-
thodoxen Muslime, insbesondere von Mitgliedern des Naqsh-
bandi-Ordens, auf die Politik Akbars und Jahangirs. So forderte etwa Khwaja Baqi Billah (gest. 1603) die Rückkehr zu
den Normen der Scharia. In eine ähnliche Richtung zielten
auch die Reformbestrebungen des weithin bekannten Shaykhs
Ahmad Sirhindi und seiner Schüler. Shah Jahan stand dieser
Strömung, die die Rückbesinnung auf die islamischen Ideale
einforderte, offenbar viel näher als sein Vater und Großvater.
So ließ er auch die «Gottesreligion» nicht weiter fortführen,
sondern erneuerte die Durchführung islamischer Bräuche. Unter
ihm war es wieder verboten, neue nichtmuslimische Gottes-
häuser oder Tempel zu errichten oder alte ausbessern zu lassen.
Die islamischen Feste, einschließlich des Geburtstages des Propheten, wurden offiziell gefeiert. Große Summen flossen in die
Stiftungen für die Heiligen Stätten des Islams, und alljährlich
verließ eine große Pilgerkarawane den Subkontinent in Richtung Mekka. Trotz dieser Ansätze einer gezielten Islamisie-
rungspolitik setzte Shah Jahan, wie schon seine beiden Vorgänger, Hindus in hohe und höchste Verwaltungsämter ein. Im
administrativen Bereich kam es zu keinen nennenswerten Än-
derungen, Shah Jahan ließ lediglich den Verwaltungsapparat
ausbauen und die Instrumentarien zur Durchsetzung der herrscherlichen Macht verfeinern.

Architektur als Ausdruck herrscherlicher Macht. In der mogulzeitlichen Architektur folgte auf die synkretistische Phase während
der Herrschaft Akbars unter Jahangir eine Periode des Übergangs und des Experimentierens. Man sieht dies daran, daß
einige der früheren Ansätze weitergeführt wurden, ohne eine
Zukunft zu haben, andere sich hingegen zu einflußreichen Stil-
ikonen entwickeln sollten. Typisch für diesen Trend sind die

kunstvoll dekorierten Oberflächen im Inneren und an den Au-
ßenseiten der verschiedenen Bauten. Die Wände hat man häufig mit durchgängigen Bändern paneeliert. Für das architek-
tonische Schmuckwerk wurden zahlreiche Materialien verwendet. Als wichtigste sind der auffällige Sandstein, weißer Marmor,
Steinintarsien, bemalter Stuck und Ziegelarbeiten zu nennen.
Das Lieblingsmotiv der Baumeister und Auftraggeber war der
kostbare *chini khana* («Chinaraum»), dessen Wände und Böden aus chinesischem Porzellan bestanden. Figurative Dar-
stellungen fanden ebenfalls großen Anklang. Darüber hinaus
war es sehr beliebt, die Wände nach der Vorlage europäischer
Drucke und Stiche zu bemalen. Unter Shah Jahan erreichte die
Mogularchitektur eine gewisse Formvollendung, die man als
«Klassik» bezeichnen könnte. Die hervorstechendsten Merk-
male dieser Epoche waren symmetrische und auf ein ausgewo-
genes Gleichmaß bedachte Formen innerhalb einer ausgesprochen hierarchischen Strukturierung. Darüber hinaus hatte nun
der weiße Marmor den unter Akbar verwendeten roten Sandstein ersetzt. Aus den zahlreichen während der Regierungszeit von Jahangir und Shah Jahan entstandenen Bauwerken und
Stadtanlagen seien zwei der berühmtesten exemplarisch vorgestellt:

Der Taj Mahall: Im Juni 1631 erließ Shah Jahan den Befehl,
für seine Frau Mumtaz Mahall (gest. 1631), die in Burhanpur
im Kindbett gestorben war, ein Mausoleum über ihrem Grab
am Ufer des Yamuna zu errichten. 1643 wurde die Anlage vollendet.

Nach der in Ost und West gängigen Deutung ist der Taj
Mahall der vollendete Ausdruck ehelicher Liebe und Hingabe,
ein Monument der grenzenlosen Verehrung und Anbetung des
Partners. Seine Ästhetik bringe die Gefühle des Herrschers für
seine Frau zum Ausdruck, wir hätten es sozusagen mit einem
«in Stein gehauenen Liebesgedicht» zu tun. Diese Interpretation,
die sich hartnäckig hält, ist natürlich nur ein Mythos, der bereits
von den zeitgenössischen Chronisten Muhammad Amin Qazvini
(gest. nach 1646/47) und Abd al-Hamid Lahawri geschürt
wurde. Aufgegriffen, durchgesetzt und verinnerlicht haben ihn

dann vor allem britische Romantiker. Später übernahmen ihn die Inder selbst und so auch die heutigen Touristen.

Die neuere Forschung hat sich dem nicht angeschlossen. Weder war Shah Jahan so nobel und auf so romantische Weise seiner Gattin zugetan, noch stellt der Taj Mahall an sich ausschließlich ein Denkmal an eine geliebte Person dar. Zeitzeugen sprechen von Shah Jahan als einer arroganten, egomanischen und rücksichtslosen Person, deren einziges Interesse die eigene Größe und Macht war. Auch die Hingabe an Mumtaz Mahall, die nach ihrem Ableben zu einem über dreißigjährigen Zölibat seitens des Ehemannes geführt haben soll, stimmt nicht mit den in vielen Berichten skizzierten sexuellen Ausschweifungen des Mogulherrschers überein. Der Taj Mahall ist nicht allein Ausdruck herrscherlicher Gattenliebe, sondern soll in erster Linie seine eigene Größe symbolisieren.

Das eigentliche Grab mit seiner zwiebelartigen Kuppel aus weißem Marmor, die von vier schlanken Minaretten eingerahmt wird, bildet den Mittelpunkt eines weitläufigen, ummauerten Ensembles. Über eindrucksvolle Tore und Innenhöfe gelangt man zu dem viergeteilten Hauptgarten, der von Kanälen durchschnitten wird und an dessen einem Ende man den Eingang zum Mausoleum sehen kann. Der Bereich um die letzte Ruhestätte der herrscherlichen Gattin zeigt deutlich, daß Shah Jahan zwar viele Riten und Bräuche der «Gottesreligion» übernahm, letzten Endes aber doch fest im islamischen Glauben ruhte.

Der Taj Mahall präsentiert sich als Allegorie auf den Tag des Jüngsten Gerichts, wenn die Toten auferstehen und am Fuße des himmlischen Thrones zur Urteilsfindung zusammenkommen. Die Eingangspforten und Gartenanlagen sind diesseitige Abbildungen ihrer paradiesischen Gegenstücke. Das Haupttor entspricht der Pforte, durch die Muhammad auf seiner nächtlichen Himmelsreise in den Garten Eden gelangte. Die vier künstlichen Wasserläufe nehmen Bezug auf die vier Paradiesflüsse, und das an zentraler Stelle plazierte Marmorbassin greift die Vorstellung der überbordenden Fülle an Genüssen im Paradies auf. Das Grab selbst soll an den himmlischen Thron erinnern, von dem aus Gott seine Beschlüsse verkündet. Dabei können die vier Minarette als die vier Träger des göttlichen Stuhles verstanden werden. Diese hier wiedergegebenen Deutungen der Anlage entsprechen den an wichtigen Punkten angebrachten Inschriften, die programmatische Koranverse wiedergeben. Der Taj Mahall ist das Paradies. Mumtaz Mahall und Shah Jahan liegen unterhalb des Gottesthrones, wobei auf dem Epitaph des Herrschers dieser als Ridwan, der Hüter des Paradieses, beschrieben wird.

Shahjahanabad: Im Jahre 1639 beschloß Shah Jahan, in der Nähe von Delhi, das vor allem auch wegen seiner zahlreichen Heiligengräber stets das sakrale Zentrum im Norden des Mogulreiches blieb, eine neue Hauptstadt zu gründen. Nach neun Jahren intensiver Bautätigkeit erfolgte am 19. April 1648 der feierliche Einzug in die wohlgeplante Hofstadt. Die große Burganlage ließ der Pad(i)shah an der Stelle des Flußufers errichten, an der die beiden großen Durchgangsstraßen aufeinandertrafen. Das herrscherliche Zentralgebäude, das von hohen Mauern aus rotem Sandstein umgeben war, bildete ein ungleichmäßiges Oktagon mit einem Umfang von etwa drei Kilometern. Zusätzlichen Schutz bot auf der einen Seite der Fluß Yamuna, auf der anderen Seite ein künstlicher Wassergraben. In der Südhälfte der Burg lag der Palast des Mogulherrschers, zu dem neben den Privatgemächern der herrscherlichen Familie und dem Harem auch zahlreiche Wohnviertel gehörten. Der nördliche Teil umfaßte zwei große Gärten, in denen kunstvoll gestaltete Wasserbecken und artifizielle Bäche angelegt waren.

Außerhalb der Festung befanden sich die Verwaltungsräume, Lagerhallen, die herrscherliche Münzpresse, die Handwerksbetriebe und die Ställe des Monarchen. Auf einem Hügel gegenüber hatte man als optisches und symbolisches Gegengewicht zur Palastanlage eine riesige Freitagsmoschee errichtet, die Platz für Tausende von Gläubigen bot. An ihrer Seite befanden sich ein Krankenhaus, in dem man kostenlos behandelt werden konnte, und eine Medrese. Wie schon erwähnt, war die Burg der Endpunkt der beiden Hauptverkehrsachsen der Stadt. Eine dieser Straßen, in deren Mitte ein Kanal eingelassen war, führte

aus dem Lahore-Tor hinaus. Unter dem überdeckten Arkaden-
gang fanden über 1500 Geschäfte und Läden Unterschlupf. Ging
man stadteinwärts, so kam man alsbald auf den «Gerichtsplatz»,
auf dem öffentlich Verhandlungen und Bestrafungen durchgeführt wurden. Das Zentrum eines weiteren imposanten Plat-
zes, an dessen Nordseite die älteste Tochter Shah Jahans, Jahan
Ara Begum (gest. 1681), ein Gasthaus hatte errichten lassen, bildete ein großer flacher Brunnen. Hier stand auch das größte Bad
der Stadt. Da sich in der Nacht das Mondlicht romantisch auf
der Wasseroberfläche des Brunnens spiegelte, nannte man den
Platz auch den «Platz des silbernen Mondlichtes». Die andere
Achse erstreckte sich von dem Akbarabadi-Tor der äußeren
Stadtmauern zum gleichnamigen Tor der Burganlage. Auch hier
befanden sich zahllose Geschäfte.

Innerhalb der Stadtwälle lagen vor allem die prunkvollen
Wohnanlagen der Notabeln. Diese Anlagen, die selbst kleinen
Städten glichen, waren ebenfalls von Mauern umgeben. Man
muß bedenken, daß ein hoher *mansabdar* Raum für seine vielen
Hausangestellten, Beamten, Sklaven, Schreiber und Soldaten
brauchte. Der größte Haushalt dürfte etwa 4000 bis 5000 Personen umfaßt haben. Um das zentrale Wohnhaus herum grup-
pierten sich die Wohnungen der Händler und der übrigen Bevölkerung.

Die Stadt war prächtig, doch hatte Shah Jahan kaum einmal
Gelegenheit, sich an ihren Schönheiten zu erfreuen. Vielmehr
war auch er genauso wie schon seine Vorgänger mit seinem
Hofstaat permanent unterwegs. Schon die Daten, die sich aus
der Auswertung nur einer einzigen Hofchronik, nämlich dem
von Muhammad Tahir (gest. 1670) verfaßten *Shah-Jahan-nama*
(«Chronik der Regierungszeit Shah Jahans»), ergeben, zeigen
eindrucksvoll das ganze Ausmaß der mogulzeitlichen «Reise-
herrschaft»:

Aufenthaltsort des herrscherlichen Hofes unter Shah Jahan	Aufenthaltsdauer
Agra	14. Februar 1628 (Thronbesteigung) bis 18. November 1629
Burhanpur	Mitte März 1630 bis Ende März 1632 (?)
Agra	19. Juni 1632 bis Anfang Februar 1634
Lahore	7. April 1634 bis Mitte Mai 1634
Kashmir	15. Juni 1634 bis 1. Oktober 1634
Lahore	26. November 1634 bis 1. Oktober 1635
Dawlatabad	28. Februar 1636 bis 21. Juli 1636
Mandu	31. August 1636 bis 16. Oktober 1636
Agra	16. Januar 1637 bis 27. August 1638
Lahore	22. November 1638 bis 6. März 1639
Kabul	Ende Mai 1639 bis Ende August 1639
Lahore	Mitte Oktober 1639 bis 19. Februar 1640
Kashmir	30. April 1640 bis Ende September 1640
Lahore	16. November 1640 bis 11. November 1642
Agra	Mitte Januar 1643 bis 24. Januar 1645
Kashmir	27. April 1645 bis 25. September 1645
Lahore	4. November 1645 bis 3. April 1646
Kabul	6. Juni 1646 bis 30. September 1646
Lahore	17. November 1646 bis 25. März 1647
Kabul	5. Mai 1647 bis 31. August 1647
Lahore	3. November 1647 bis 17. November 1647
Agra	11. Januar 1648 bis 6. April 1648
Delhi	18. April 1648 bis 19. November 1648
Lahore	28. Dezember 1648 bis 15. März 1649
Kabul	16. Mai 1649 bis 17. September 1649
Lahore	25. Oktober 1649 bis 17. Dezember 1649
Delhi	18. Januar 1650 bis 22. Februar 1651
Lahore	27. März 1651 bis 20. Mai 1651

Kashmir	13. Juni 1651 bis 18. August 1651
Lahore	26. September 1651 bis
	26. Februar 1652
Kabul	13. April 1652 bis 16. August 1652
Delhi	12. Dezember 1652 bis
	20. November 1653
Agra	7. Dezember 1653 bis
	21. Dezember 1653
Delhi	4. Januar 1654 bis 4. Oktober 1654
Ajmer	6. November 1654 bis
	24. November 1654
Delhi	8. Januar 1657 b is 28. Oktober 1657
Agra	5. Dezember 1657 bis 18. Juni 1658
	(Shah Jahan wird von seinem Sohn
	Awrangzeb gefangengenommen)

Handel und Wirtschaft.   Indiens Landhandel ging hauptsächlich über Afghanistan. Kabul und Qandahar fungierten hier als Drehscheibe nach Zentralasien bzw. Iran. Von dort führte man vor allem Pferde ein, die mit Indigo und Textilien bezahlt wurden. Den Export von Haussklaven in diese Regionen, der bis zum Anfang des 16. Jahrhunderts noch florierte, hatte Akbar in den 1560er Jahren verboten. Aus Persien kamen alljährlich große Karawanen mit persischer und armenischer Handelsware nach Indien.

Sehr alte Seeverbindungen bestanden von Gujarat aus in den Persischen Golf und das Rote Meer. Darüber hinaus existierten gute Kontakte mit der ostafrikanischen Küstenregion, Malakka, Sumatra und dem Fernen Osten. Die früher in der Forschung oft zu lesende These von der Etablierung einer Gewürzroute um das Kap der Guten Hoffnung als Ergebnis der portugiesischen Dominanz zu Beginn des 16. Jahrhunderts ist nicht mehr zu halten. Nach einigen anfänglichen wahl- und ziellosen Plünderungen begannen die Iberer, sich auf Dauer an der indischen Westküste einzurichten und ein maritimes Empire aufzubauen (den sogenannten «Estado da India»). Seit 1510 hatte der Vizekönig seinen Sitz in Goa, das man den Adilshahis abgenommen hatte. Von Lissabon aus verkehrten dorthin jährlich Schiffe. Von ihren Stützpunkten aus erhoben die Portugiesen Steuern und heuerten einheimische Seefahrer und Händler an. Große indische Schiffe brachten für sie kostbares Frachtgut reibungslos über das Rote Meer (und eben nicht über den Seeweg um Afrika herum) nach Europa.

Erst die Ankunft der Holländer und Briten zu Beginn des 17. Jahrhunderts brachte Unruhe in dieses ausbalancierte System. Um die Vormachtstellung der Portugiesen zu brechen, blockierten die beiden Seemächte die Schiffahrt über das Rote Meer. Als man dann die Lukrativität des Überseehandels nach Südasien erkannte, wurden Verhandlungen mit den lokalen Beamten der Mogulverwaltung aufgenommen und indische Schiffe auf hoher See geduldet. Ab den 1630er Jahren bauten die Inder nach holländischem und britischem Vorbild ganz ausgezeichnete Boote, die von Surat aus den Handel in den Persischen Golf und das Rote Meer dominierten.

Im 17. Jahrhundert wandelte sich das Warensortiment, das von Südasien aus gen Westen verschifft wurde. Der Anteil an Baumwolltextilien und bengalischer Seide nahm zu, mit Indigo und Pfeffer wurde nun weniger gehandelt. Indien selbst brauchte in erster Linie Silber, nur in den 1660er und 1670er Jahren kamen größere Mengen Gold auf den Subkontinent.

Der internationale Handel erfuhr einen deutlichen Aufschwung, als die Briten und Holländer große Handelsorganisationen wie die «Vereenigde Oost-Indische Compagnie» (VOC, gegründet 1602) und die «East India Company» (EIC, gegründet 1600) ins Leben riefen und der portugiesischen Vorherrschaft als Seemacht und wichtigster Handelsnation im Indischen Ozean ein Ende bereiteten. Jede Handelsgesellschaft operierte mit Hilfe eines königlichen Schutzbriefes, der ihr allein das Recht zusicherte, den Indienhandel zu betreiben. Die Briten eröffneten zuerst – mit Genehmigung des Mogulherrschers Jahangir – eine «Faktorei» in Surat. Später löste Bombay Surat als zentralen Handelsstützpunkt der EIC ab. Im Verlauf des 18. Jahrhunderts verloren die Holländer, die ab 1618 ebenfalls von Surat aus operierten, deutlich an Boden gegenüber ihren englischen Rivalen. Fortan konzentrierte sich die VOC, die schließlich im Jahre 1800 aufgelöst wurde, auf Ostindien und den Fernen Osten. Neben der EIC und der VOC war auch eine französische Handelsgesellschaft, die 1664 von Colbert mit Hauptsitz in Pondicherry gegründete «Compagnie des Indes Orientales» (CIO), auf dem Subkontinent tätig. Die Handelsaktivitäten der CIO hatten allerdings nicht die Intensität der beiden anderen Organisationen. Daß sich die Engländer und Holländer überhaupt in Westindien so viele Rechte sichern konnten, hing in erster Linie mit dem angespannten Verhältnis zwischen der Mogulverwaltung und den Portugiesen während des 16. Jahrhunderts zusammen. Von Surat aus erweiterten die EIC und die VOC schnell ihren Aktionsradius und bauten sehr gute Handelsbeziehungen erst zu den Zentren der Textilherstellung in Agra, Burhanpur und Delhi und von dort weiter nach Osten in die Provinzen Bihar, Orissa und Bengalen auf. Alsbald florierte der Handel mit Seide, Salpeter, Kaliko und Musselin.

Die indischen Faktoreien wurden direkt von London und Amsterdam aus verwaltet. Die VOC und EIC, die multinationalen Unternehmen gleichkamen, fungierten unter anderem als Schiffseigner. Ihre Boote brachten die diversen Güter unter ihrer Kontrolle sicher von einem Hafen zum anderen. Auf allen Booten, die es aufgrund ihrer hervorragenden Bewaffnung mit jedem feindlichen Schiff aufnehmen konnten, hatte die von den Gesellschaften ausgesuchte Crew das Sagen. Die Eigner und Direktoren der VOC und EIC, also der «Court of Seventeen» in Amsterdam und der «Court of Proprietors» in London, standen komplexen Institutionen vor, die überaus effektiv und krisenunanfällig arbeiteten. Beide Organisationen verfügten über einen differenzierten Verwaltungsapparat. In Europa wanderten die Waren, auf deren Verkauf man ein Monopolrecht hatte, in große Lagerhallen. In Indien selbst arbeiteten die Holländer und Briten hart und zielgerichtet an der steten Verbesserung der Handelsabläufe. Gerade diese Bemühungen wirkten sich positiv auf die Infrastruktur der jeweiligen Regionen aus.

Im Mogulreich existierte eine ausgeprägte Geldwirtschaft, wobei Gold und Silber von auswärts herbeigeschafft werden mußten. Die Zentralverwaltung duldete keine regionalen Währungen. Als sich um 1700 die Macht der Mogulherrscher über den größten Teil des Subkontinentes erstreckte, begann die Silberrupie die traditionelle Goldwährung des Südens abzulösen. Zu diesem Zeitpunkt war auch das Kupfergeld aufgegeben worden. Das einzelne Geldstück, das in den verschiedenen Münzen des Reiches hergestellt wurde, besaß in der Regel eine große Reinheit und Gleichmäßigkeit.

In den 1680er Jahren gab es in Nordindien in den Bezirken unzählige prosperierende Marktflecken (*qasbas*). In jedem Distrikt diente die Hauptstadt nicht nur als Sitz der Verwaltung, sondern gleichzeitig auch als zentraler Umschlagplatz verschiedener Waren aus den *qasbas*. Hier verkauften die Bauern ihre Agrarprodukte, um die jährlich an die Zentralbehörde zu entrichtenden Abgaben bezahlen zu können, und hier war auch das Zentrum für die Pfandleiher und Zwischenhändler. In diesen Städtchen entstand eine Art Mittelschicht, der es finanziell recht gut ging. Die Beamten ließen sich in diesen Orten, in denen meistens die Muslime das Sagen hatten, ebenso nieder wie pensionierte Verwaltungsangestellte, Soldaten und Empfänger staatlicher Dauerpfründe. Sie alle bauten ansehnliche Häuser, sorgten für Erhalt und Ausbau der Infrastruktur und trugen zum Wohlstand der Siedlung bei. Neue Städte wurden gegründet, alte renoviert. Beispielsweise verdankte Shahjahanpur seine Existenz dem Umstand, daß Shah Jahan die Einnahmen von vierzehn größeren Dörfern zwei seiner afghanischen «Beamten» unter der Bedingung übertrug, daß sie ein urbanes Zentrum mit einer Festung errichten sollten. Die beiden Pfründner kamen der Aufforderung nach und holten Landsmänner aus Mittelasien, die sich nur allzu gerne in dem neuen Ort ansiedelten.

Das 16. Jahrhundert prägten die Regionalökonomien, die auf dem Subkontinent durch ein dichtes Handelsnetz zu Lande und zu Wasser miteinander verbunden waren. Landwirtschaft, Industrie und Handel konnten die Bedürfnisse des expandierenden Großreiches vollauf befriedigen. Die Industrieproduktion war beeindruckend, insbesondere was die Herstellung von Textilien anging. Aber auch der Wald war auf dem Subkontinent bedeutender Wirtschaftsfaktor, lieferte er doch Handelsgüter wie Edelhölzer, Feuerholz, Holzkohle, Tierhäute, Honig, Heilpflanzen und Elefanten.

Die landwirtschaftlichen Anbautechniken veränderten sich während der Mogulzeit kaum. Die große Zahl an heimischen Feldfrüchten wurde ergänzt durch den aus Amerika übernommenen Anbau von Tabak und Mais. Am Ende des 17. Jahrhunderts kamen noch grüne Peperonischoten hinzu. In Bengalen bildete die Seidenraupenzucht einen wichtigen Produktionsbereich. Die Landwirtschaft war in der Mogulzeit in erster Linie bäuerlich (und nicht nomadisch oder halbnomadisch) geprägt, wobei die einzelne Scholle trotz der Größe des Landes normalerweise nur sehr klein ausfiel. Dies hing vor allem damit zusammen, daß die Bauern nicht über genug Vieh und landwirtschaftliche Geräte verfügten, um größere Landstücke bebauen zu können. Aus einem sehr detaillierten Vermessungsbuch wissen wir, daß 1596 um Surat herum ein Feldstück, auf dem Getreide angebaut wurde, eine durchschnittliche Größe von 0,6 Hektar hatte. Ein Bauer verfügte insgesamt über 2,8 Hektar Land. Auch damals schon war der Monsun unberechenbar, so daß die Ernten nicht immer gut ausfielen und die Erträge großen Schwankungen ausgesetzt waren. In regelmäßigen Abständen kam es darüber hinaus zu verheerenden Seuchen und Hungersnöten.

Dem außenstehenden Beobachter erschienen die Landwirte als eine schwer zu differenzierende Masse von Habenichtsen, die entsetzlich unter regelmäßigen Heimsuchungen (Hunger, Krankheit, Hitze) zu leiden hatten. Von 25 Dorfbewohnern, die zwischen 1653 und 1717 vor dem Richter von Mathura Aussagen zu Protokoll gaben, waren mehr als zehn von den Pokken gezeichnet. Die äußere Gleichförmigkeit der Bauern trog. Intern gab es aufgrund des Kastensystems, der unterschiedlichen Steuerpraktiken, der Preisfluktuationen und des weit verbreiteten Wuchers zahlreiche Untergruppen und soziale Schichten. Überall konnten einzelne lokale Notabeln viel Macht in ihren Händen akkumulieren. In ihren Diensten stand eine große Zahl verarmter Bauern und Tagelöhner sowie Mitglieder der sogenannten «unberührbaren» Kasten.

Glücklicherweise besitzen wir eine Reihe von Dokumenten aus dem 16. und 17. Jahrhundert, die in den Tempelarchiven des in der Nähe von Mathura gelegenen Vrindaban aufbewahrt worden sind. Diese belegen sehr schön die Heterogenität der Bauernschaft: Ihr gehörten verschiedene Familien, Kasten und Religionsgruppen an. Die lokalen Bosse sammelten für die Zentralverwaltung die Abgaben der einzelnen Bauern oder kollektiv eines ganzen Dorfes ein. Natürlich ließ man die Landwirte auch nicht völlig ausbluten, sondern gab ihnen etwa in Form von steuerfreiem Zusatzland die Möglichkeit, sich zu entwickeln. Die Versorgung der örtlichen Zimmerleute, Hufschmiede und Gerber wurde von den Dörfern selbst geregelt. Sie erhielten einen Anteil an den Erträgen der lokalen Bauern. So war es möglich, innerhalb der Dorfgemeinschaft eine Naturalwirtschaft aufrechtzuerhalten, wohingegen überregional und im Verhältnis zur Zentrale mit Geld bezahlt werden mußte. Es gab auch Dörfer, die von Großgrundbesitzern, die man verwaltungstechnisch den *zamindaren* zurechnete, kontrolliert wurden. Ihre vererbbaren Rechte hatten sie entweder erworben, weil sie etablierte Angehörige der früheren regionalen Herrschaftselite waren. Oder ihre Vorfahren hatten sich gewaltsam zu Herren über die Gegend machen können und sich infolgedessen Herrschaftsrechte angeeignet, die nun beibehalten wurden. Es kam aber auch vor, daß sie Bauern auf ihren Latifundien zur Bearbeitung der Böden angesiedelt hatten. Die Rechte der *zamindare* wurden von den Moguln so weit es ging vereinheitlicht. Zu ihren Pflichten gehörten der pünktliche Einzug der festgesetzten Steuern und die ordnungsgemäße Überführung des staatlichen Anteils an den Hof. Kam ein *zamindar* diesen Anforderungen nicht nach, konnte er versetzt werden. Die Rechte der *zamindare* waren veräußerbar.

Das Verbindungsglied zwischen der bäuerlichen Ökonomie und den urbanen Zentren war die alljährlich zu erbringende Abgabe. Deren Höhe variierte, denn in regelmäßigen Abständen legte man weitreichende Kataster an, auf deren Grundlage neue Steuerberechnungen angestellt wurden. Insgesamt kam es nur sehr selten vor, daß die Abgaben ein Drittel der Gesamterträge unterschritten. In der Regel mußte die Hälfte aller erwirtschafteten Gewinne an den Staat abgeführt werden. Ein Teil der Steuern blieb in der Region, um die dortigen Truppen und Repräsentanten der Zentralregierung und die lokalen Beamten zu versorgen und zu bezahlen. In einer durchschnittlichen Provinzstadt hielten sich etwa 8000 Soldaten und Angestellte der Mogulverwaltung auf. Einen gewissen Prozentsatz der Einnahmen steckten die Verantwortlichen auch in agrartechnische Verbesserungen, in die Reparatur des Bewässerungssystems oder in den Ausbau der Obstgärten.

Die genaue Einwohnerzahl der großen Mogulstädte ist schwer zu schätzen. Vorsichtig ermittelte Zahlen sind etwa: für Agra 800 000 Einwohner (1666), für Delhi 500 000 (1659–1661), für Lahore zwischen 400 000 und 700 000 (1581 und 1615) sowie für Ahmadabad (1613), Surat (1700) und Patna (1631) jeweils 200 000. Im Jahre 1592 waren in dem Reich insgesamt etwa 120 Städte und 3200 Ortschaften registriert.

In den Metropolen bildete der Dienstleistungssektor einen großen Teil der Infrastruktur. Daneben befanden sich dort eine große Zahl handwerklicher Produktionsstätten und protoindustrieller Manufakturen. Ausgiebig bediente man sich der Arbeitskraft der Frauen. Viele arbeiteten nicht nur als Spinnerinnen und Weberinnen zu Hause, sondern waren auch als Wasser- und Steinträgerinnen angestellt. Die meisten Handwerker produzierten ihre Ware direkt in ihren Läden und legten die fertigen Produkte zum Verkauf vor ihren Türen aus oder brachten sie zum nahegelegenen Basar. Einige wenige, deren Waren kostbar waren, wie etwa die Goldschmiede, besaßen eigene Werkstätten und verfügten über eine Zahl fester Mitarbeiter. Der Herrscher, die Notabeln und die Prinzen und Prinzessinnen besaßen in den Hauptstädten große Manufakturen (*karkhanas*), in denen zahlreiche Arbeiter Luxusgegenstände und Waffen herstellten. Diese Güter gelangten jedoch nicht auf den freien Markt und fielen daher gesamtwirtschaftlich gesehen kaum ins Gewicht.

Das große Volumen nichtlandwirtschaftlicher Produkte sorgte für einen regen Binnenmarkt. Agrarprodukte, andere Naturalien – wie etwa Salz – und die Erzeugnisse der Handwerker transpor-

tierten Fuhrleute auf Ochsenkarren und auf Kamelen über
Land. Ebenso wichtig war der Weg über die vielen Flüsse. Auf
den großen Straßen zogen Karawanen von einer der zahlreichen
Herbergen zur nächsten. Die Wegezölle waren gemeinhin in
den direkt von der Zentrale verwalteten Gebieten höher als in
den Regionen der Tributärfürsten. Die Gefahr von Raub und
Wegelagerei hielt sich in Grenzen, es sind kaum Zwischen-
fälle verzeichnet. Die Raten für die Versicherungen waren dementsprechend niedrig. Im Jahre 1655 betrug beispielsweise die
Versicherungssumme für Koschenille, die von Surat nach Agra
gebracht werden sollte, 2,5 Prozent der Gesamtsumme der zu
versichernden Ware.

Die Regierung unterhielt innerhalb des von den Mogulherrschern kontrollierten Gebietes ein sehr funktionstüchtiges Kom-
munikationssystem. Die strategisch wichtigen Punkte waren
durch ein Netz von Poststationen miteinander verbunden. Privat-
personen und Kaufleute konnten gegen gutes Geld professionelle
Briefträger für ihre Dienste anheuern. Innerhalb kurzer Zeit erreichten die Episteln, Depeschen, Dokumente und Berichte ihren
Bestimmungsort. Die normale Post, die erst dann den Basar
verließ, wenn sich eine bestimmte Anzahl von Einzelstücken an-
gesammelt hatte, war dagegen langsam und unzuverlässig.

Eine wichtige Rolle im Wirtschaftsleben spielten die Pfandleiher. Sie akzeptierten sowohl Anleihen als auch Diskontwechsel.
Der Gebrauch von Wechseln war in Indien weit verbreitet. Auf
den lebhaften Märkten wurden die Finanztransaktionen in der
Regel mit Hilfe von solchen Wechseln abgewickelt. Einzigartig
innerhalb der islamischen Welt war das gerade erwähnte Ver-
sicherungswesen, das in erster Linie über eben diese Pfandleiher
lief. Man konnte sowohl Waren wie auch Wechsel versichern.
Ebenso verbreitet war das Maklergeschäft. Vor allem die Ban-
yas, deren Kaste den Großteil der indischen Händler und Ban-
ker stellte, hatten sich darauf spezialisiert. Die Makler kamen
in erster Linie den Bedürfnissen der kleineren Händler nach,
doch gab es auch große, überregional organisierte Maklerunter-
nehmen.

3. Ein Großreich zerfällt

Gute Zeiten, schlechte Zeiten: Awrangzeb (1659–1707)

Die ersten 20 Regierungsjahre des neuen Herrschers Awrangzeb, des dritten Sohnes von Shah Jahan und Mumtaz Mahall, verliefen sehr unruhig. Der Pad(i)shah versuchte von Shahjahanabad aus, die Expansion des Reiches in kostspieligen Feldzügen voranzutreiben. In Bengalen etwa, wo die Autorität der Zentrale nie richtig anerkannt worden war, konnte der herrscherliche Heerführer Mir Jumla zu Beginn der 1660er Jahre zwar unter großen Verlusten Kuch Bihar und Assam erobern, doch gingen die Gebiete in den nächsten vier Jahren wieder verloren. Neben solchen nutzlosen militärischen Unternehmungen kam es zu zahlreichen lokalen Aufständen: Im Nordosten erhoben sich afghanische Stämme (Pathanen, Yusufzais, Afriden) gegen die dort stationierten Mogultruppen. Obgleich sich Awrangzeb für eine gewisse Zeit persönlich mit einem Heer dorthin begab, konnte Frieden in dieser Region erst um 1685 wiederhergestellt werden. Gleichzeitig löste der Tod des Maharajas Jaswant Singh in Merwar 1678 einen regelrechten Rajputenkrieg aus. Auch in diesem Fall griff der Herrscher selbst ein und zog nach Ajmer. Die schwierige politische Situation nutzte sein Sohn Akbar, um sich von ihm loszusagen, sich für unabhängig zu erklären und sich auf dem Dekkhan den aufständischen Marathen anzuschließen. Awrangzeb schloß daraufhin Frieden mit Rana Raj Singh, einem der wichtigsten Protagonisten in Merwar. Indigene Gruppen setzten den Kampf erfolgreich fort, und im Jahre 1707 konnte Ajit, der Sohn des Maharajas Jaswant, in Jodhpur als Sieger einmarschieren. 1680 erschien es Awrangzeb geboten, den Schauplatz zu wechseln und gegen die beiden noch verbliebenen Sultanate aus dem Dekkhan, Ahmadnagar und Bijapur, vorzugehen. Hinzu kamen als weitere Gegner in dieser Region die Marathen, in deren Obhut sich sein Sohn begeben hatte.

Die hinduistischen Marathen stammten aus dem Nordwesten des Dekkhans. Viele marathische Soldaten und Steuereintreiber standen in Diensten der Sultanate von Ahmadnagar und Bijapur. Die eher rurale marathische Gesellschaft dominierten lokale Notabeln, die über eigene Truppen, das Recht, Steuern einzutreiben, und weitreichende familiäre Netzwerke verfügten. Im Kampf gegen die Mogultruppen seit den 1620er Jahren fungierten sie in den Einheiten der Sultanate als Heerführer. Zwischen 1646 und 1656 gelang es einem dieser Notabeln namens Shivaji, in Bijapur ein unabhängiges Fürstentum zu etablieren. Zu großem Ruhm verhalf Shivaji die Ermordung des Bijapurer Generals Afdal Khan. Dieser war unter den marathischen Gruppierungen überaus verhaßt, hatte er es doch gewagt, die heiligen Schreine von Tuljapur und Pandharpur zu schänden. Nach diesem Prestigeerfolg schlossen sich viele weitere Marathen Shivaji an. Spätestens nach seinen Erfolgen gegen die Mogultruppen in Surat (1664) und Puna (1663) war Shivaji zu einer ernstzunehmenden antimuslimische Größe auf dem Dekkhan geworden. Awrangzeb schickte zuerst seinen Onkel Shayista Khan mit einem Heer gegen Shivaji. Der Feldzug endete für die Muslime desasträs. Jay Singh, der nächste herrscherliche Feldherr, hatte mehr Erfolg. Ihm gelang es im Jahre 1666, Shivaji zu einem Friedensschluß zu zwingen. Die Marathen mußten 23 ihrer 37 Festungen an die Moguln ausliefern. Allerdings wurde ihnen gestattet, regelmäßig ein Viertel der Steuereinnahmen von Bijapur einzuziehen. Die Marathen nutzten dieses Vorrecht allerdings dazu, aus jeder Region, die sie eroberten, so viele Steuern wie möglich herauszupressen. Dies führte dazu, daß diese Gegenden völlig ausgeblutet waren, als die Moguln sie schließlich annektierten. Shivaji begab sich persönlich an den Hof von Awrangzeb. Dort verlieh man ihm einen 5000er Rang und wollte ihn als *zamindar* in das *mansabdar*-System aufnehmen. Als sich Shivaji mit dieser Regelung unzufrieden zeigte, ließ Awrangzeb ihn kurzerhand einsperren. Er konnte jedoch fliehen und auf den Dekkhan zurückkehren. Ab 1699 unternahmen die Marathen erneut Angriffe gegen die Moguln. Unter anderem plünderten sie 1670 die Hafenstadt Surat. Im Jahre 1674 ernannte sich Shivaji ganz offiziell zum König (*chatrapati*). Sechs Jahre später starb der erste überregionale Marathenherrscher. Sein Sohn und Nachfolger Shambaji (gest. 1689) konnte für einige Zeit auf dem Dekkhan schalten und walten, wie er wollte, da Awrangzebs Kräfte durch den Kampf gegen die Afghanen im Norden des Reiches gebunden waren.

Unter Awrangzeb verblaßte die Rückbesinnung auf Zentralasien. Wir finden zwar in Muhammad Kazims (gest. 1681) *Alamgir-nama* («Chronik der Regierungszeit von Awrangzeb») noch Lippenbekenntnisse zur timuridischen Herkunft, doch werden ansonsten in den Chroniken keine weiteren genealogischen, politischen oder gesellschaftlichen Bezüge hergestellt. Die Etablierung der muslimischen Herrschaft in Indien scheint zu dieser Zeit so weit fortgeschritten gewesen zu sein, daß man dieser Form der Legitimation nicht mehr bedurfte. Awrangzeb, ein – wenn man den Historikern seiner Zeit Glauben schenken darf – überaus frommer Herrscher, hat offenkundig eine «Islamisierung» der Gesellschaft durchzuführen versucht. Die Chronisten seiner Zeit berichten uns, daß ihm als Ideal ein Mogulreich vorschwebte, in welchem ein allein nach islamischen Prinzipien handelnder Herrscher zum Wohle und zum Besten der Bevölkerung die Scharia zur Grundlage des Zusammenlebens machte. Dies schlösse natürlich auch energische Bemühungen ein, die noch immer sehr zahlreichen Ungläubigen (nun endlich) zum Islam zu bekehren. Uns ist eine Reihe von Verordnungen und Erlassen aus der Zeit Awrangzebs bekannt, die die muslimische Gemeinde Indiens auf den rechten Pfad der Tugend zurückführen und ein weiteres Verschmelzen hinduistischer und islamischer Gewohnheiten, Praktiken und Glaubensvorstellungen verhindern sollte:

- Während seines 10. Regierungsjahres (1667/68) untersagte Awrangzeb aus religiösen Gründen die Fortsetzung der bis dahin kontinuierlich geführten Hofchronik und die Illustration von Büchern.
- In seinem 11. Regierungsjahr (1668/69) zeigte er sich nicht mehr bei Sonnenaufgang auf dem Balkon des Palastes, da er

Das Bildnis Awrangzebs entbehrt nicht einer gewissen Eindringlichkeit: Ganz un-
prätentiös ist der bejahrte Führer der Gläubigen in die Lektüre des Korans ver-
sunken und erweckt den Eindruck eines in seiner Frömmigkeit vorbildlichen muslimischen Herrschers (18. Jahrhundert, India Office, No. J 2.2).

diese von Akbar eingeführte und auch von Shah Jahan nicht beseitigte Sitte für unislamisch hielt.

– Als unislamisch eingestufte Hofzeremonien und Feierlichkeiten – wie beispielsweise das Nawruz-Fest zu Beginn eines Sonnenjahres – wurden kurz nach der zweiten Krönung Awrangzebs (1659) abgeschafft.

– Ebenfalls wurde die Darbietung musikalischer Aufführungen am herrscherlichen Hof verboten.

– In einem Erlaß erklärte der Pad(i)shah den Genuß von Wein und anderen Rauschmitteln sowie jegliche Form des Glücksspiels für strafbar.

– Einige Zeit darauf tauschte Awrangzeb seine hinduistischen Astrologen gegen muslimische aus.

– Da der Machthaber, der den Koran auswendig gelernt haben soll, der hanafitischen Rechtsschule angehörte, rief er eine Kommission von Rechtsgelehrten ins Leben, die ein grundlegendes Rechtswerk erstellen sollten. Auf diese Weise entstanden die bereits erwähnten umfangreichen *al-Fatawa al-hindiyya* («Indische Rechtsgutachten»), die in der persischen Übersetzung meist unter dem Titel *Fatawa-yi Alamgiri* («Die auf Geheiß Alamgirs [= Awrangzebs] zusammengestellten Rechtsgutachten») kursieren. Es ist – bemerkenswert genug – der erste ernsthafte Versuch, ein klar ausformuliertes muslimisches Recht einzuführen, das auch in den Provinzen des Reiches Gültigkeit haben sollte.

– Gleichzeitig stärkte der Herrscher die Religionsgelehrten. Im Jahre 1672 ließ er den Hindus das an sie vergebene Land entziehen und an die Religionsgelehrten verteilen; 1690 wandelte er diese Lehen in Erbland um.

– Im Rahmen seiner zweiten Inthronisationsfeierlichkeiten (1659) führte er das Amt eines Zensors (*muhtasib*) ein. Der Amtsinhaber, der aus den Reihen der Religionsgelehrten stammen mußte, hatte nicht nur die Marktaufsicht inne, sondern mußte für die Aufrechterhaltung der öffentlichen Ordnung sorgen. Insofern fiel in seinen Verantwortungsbereich auch die Verfolgung unislamischen Verhaltens und die Unterbindung unislamischer Praktiken und Bräuche.

– In einer Order aus dem Jahre 1669 befahl Awrangzeb die Zer-
störung aller in den vorangegangenen Jahren errichteten oder
wiederhergestellten Tempelanlagen. Obgleich dieser Befehl
nicht überall konsequent durchgeführt wurde, kam es zu
einem Abriß vieler hinduistischer Heiligtümer.

– Bezüglich der Hindus selbst erließ der Herrscher einige dis-
kriminierende Edikte: 1. Die von Akbar aufgehobene Wall-
fahrtssteuer für hinduistische Pilger wurde wieder eingeführt.
2. 1665 setzte man die Warenzölle innerhalb des Mogulreiches
neu fest: Muslime hatten 2,5 Prozent des Wertes, Hindus 5 Prozent zu zahlen. 3. Ein an die Provinzstatthalter und Steuerbeamten gerichteter Erlaß erging, demzufolge unverzüglich
sämtliche Hindus aus dem «Staatsdienst» entlassen und durch
Muslime ersetzt werden sollten. 4. 1679 kam es zur Wieder-
einführung der Kopfsteuer (*jizya*) für alle Nichtmuslime. Diese
Maßnahme löste vor allem in Delhi großen Protest der hinduistischen Notabeln aus.

– Befreit von der Zahlung waren die zahlreichen Rajputen, die
in Diensten Awrangzebs standen. Ihr Einfluß innerhalb der
Herrschaftselite war zu groß, als daß man sie ohne weiteres
von der Macht hätte ausschließen können. Sie bildeten weiterhin eine mächtige Gruppe der Reichsnobilität. Dennoch ging
ihr Anteil an den höchsten Reichsposten deutlich zurück, da
Awrangzeb ihnen nur noch Pfründe weitab der Hauptstadt,
nämlich in ihrer Heimat Rajasthan, zukommen ließ.

Es wird stark bezweifelt, daß Awrangzeb mit dieser antihin-
duistischen Politik letztlich großen Erfolg hatte. Zumindest be-
mühte er sich darum, auch die politische Kultur und die politischen Symbole des Landes islamisch zu gestalten. Aus diesem
Grunde wollte er seine Herrschaft auch nicht mehr durch ge-
nealogische Verbindungen nach Zentralasien legitimiert wissen,
sondern wünschte eine offizielle Bestätigung seines Kalifats
durch den Oberherrn über Mekka und Medina, die beiden heiligen Städte des Islams. Zu diesem Zweck schickte Awrangzeb
1659 eine Delegation mit kostbaren Geschenken zu dem Scheri-
fen Zaid. Diese erste Gesandtschaft kam erfolglos nach Indien
zurück, doch hatte eine zweite Mission den gewünschten Erfolg:

Sie brachte die offizielle Bestätigung Awrangzebs als rechtmäßigen muslimischen Herrscher des Mogulreichs. Aus Dankbarkeit ließ der Herrscher in der Folgezeit den Heiligen Stätten des Hijaz großzügige Spenden zukommen.

Doch kehren wir zurück zur politischen Situation im Reich zu Beginn der 1680er Jahre. Auf dem Dekkhan zeigte die Mogulverwaltung angesichts der anhaltenden Mißerfolge der aus Delhi und Agra gegen Bijapur und die Marathen entsandten Truppen deutliche Auflösungserscheinungen. 1681 beschloß Awrangzeb daher, selbst nach Burhanpur zu ziehen. Der Entschluß wurde ein Jahr später in die Tat umgesetzt. Der Herrscher sollte von da an die ihm verbleibenden 25 Jahre seines Lebens hauptsächlich damit verbringen, auf dem Dekkhan gegen Aufrührer und Rebellen anzukämpfen. Der Anfang war sehr erfolgreich: Trotz der von Zeitgenossen oft spöttisch kommentierten Ineffizienz der Mogulverwaltung im Süden des Subkontinentes konnte Awrangzeb 1686 Bijapur und acht Monate später auch Golkonda einnehmen. Der gesamte Dekkhan wurde zu einer einzigen Provinz mit der Hauptstadt Awrangabad zusammengefügt. Des weiteren gelang es dem Pad(i)shah, Shambaji, den Sohn Shivajis, aufzugreifen und hinrichten zu lassen. Alles schien soweit in Ordnung zu sein, so daß der Machthaber getrost nach Shahjahanabad hätte zurückkehren und sich von dort aus um die Konsolidierung der neu geschaffenenen Provinz hätte kümmern können.

Aber der Herrscher entschied sich, persönlich auf dem Dekkhan zu bleiben und Jahr für Jahr in aufreibenden Kleinkriegen gegen die zunehmende Destabilisierung der Region anzukämpfen. Sein Hauptgegner blieben die Marathen, deren Widerstand auch nach dem Tod ihres Führers nicht nachließ. Awrangzeb setzte alles daran, diesen Feind niederzuschlagen. Aus diesem Grund war nun für lange Zeit das herrscherliche Lager der eigentliche administrative Mittelpunkt des Reiches. Erst 1696 erkor er das in Islampuri umbenannte Brahmanpuri zu seiner neuen Hauptstadt. Auch dort lebte der Machthaber aber ausschließlich in seinem Zelt. 1699 umgab man Islampuri mit Mauern. Kurz darauf ließ Awrangzeb seinen wichtigsten Minister, Asad Khan, als Verwaltungschef in der Stadt zurück und zog selbst in einen auszehrenden sechsjährigen Krieg gegen die Bergfestungen von Maharashtra. Krank, erschöpft und letzten Endes erfolglos kehrte Awrangzeb im Jahre 1706 zurück.

Am 3. März 1707 starb der Mogulherrscher in seinem Lager an den Folgen einer Krankheit. Es war ihm nicht gelungen, den Dekkhan unter seine Kontrolle zu bringen. Der Venezianer Nicolao Manucci (gest. 1717) schreibt in seiner *Storia do Mogor* nicht ganz unzutreffend:

Normalerweise stehen die Statthalter und Gouverneure [des Mogul-reiches] in permanentem Streit mit den hinduistischen Prinzen und lokalen Großgrundbesitzern. Von einigen wollen sie [d. h. die Statthalter und Großgrundbesitzer, S. C.] sich das Land aneignen, von anderen versuchen sie mehr als das übliche Maß an Steuern zu erzwingen. Für gewohnlich befinden sich in dem Mogulreich immer einige der Rajas oder der Großgrundbesitzer im Zustand der Rebellion.

In der Zeit, die Awrangzeb auf dem Dekkhan zubrachte, hatten die englischen, holländischen und französischen Handelskom-panien an politischem Gewicht in den einzelnen Regionen ge-wonnen. Sie traten nun gegenüber den lokalen Verwaltungen als gleichberechtigte Machthaber auf und verhandelten mit den Mogulautoritäten auf Augenhöhe. Vor allem auf dem Meer und entlang der Küste kontrollierten britische Schiffe, die den in-dischen Booten weit überlegen waren, die strategisch wichtigen Punkte. Eine Seeblockade war jederzeit und überall möglich. Wenn sich in den Küstenregionen strukturelle Schwierigkeiten abzeichneten, nutzten die EIC und VOC die Gelegenheit und er-richteten Faktoreien, die immer mehr kleinen befestigten Städten glichen.

Awrangzeb zeigte während der ersten Hälfte seiner Regierungs-zeit nur mäßiges Interesse an den europäischen Handelsgesell-schaften. Dies änderte sich erst, als er die Europäer mit der Pi-raterie, die für die Moguln ein ernstes Problem darstellte, in Zusammenhang brachte. Obgleich die EIC und VOC immer wieder ihre Unschuld zu beweisen suchten und sich sogar an der Bekämpfung der Seeräuberei beteiligen wollten, machte der

Pad(i)shah sie für das Unwesen der Freibeuter verantwortlich. 1702 ging er sogar so weit, jeglichen Handel mit den Europäern innerhalb des Mogulreiches zu untersagen. Sofort versuchten lokale Mogulstatthalter, die Situation auszunutzen und entweder militärisch gegen die Faktoreien vorzugehen oder zumindest hohe Abgaben von ihnen zu fordern. Doch die militärische Stärke der Briten und Holländer war mittlerweile so groß, daß diese Bestrebungen mehr oder minder erfolglos blieben. Selbst eine dreimonatige Belagerung von Madras und ein Angriff auf Bombay brachten nicht das gewünschte Resultat. Awrangzeb selbst war zu dieser Zeit zu sehr mit den Marathen auf dem Dekkhan beschäftigt, als daß er sich wirklich um die Kontrolle von EIC und VOC kümmern konnte. Die Briten und Holländer hatten Zeit, ihre Vormachtstellung auszubauen.

Auflösungserscheinungen

Das Jahrzehnt nach dem Tod Awrangzebs ist zum einen von einem raschen Wechsel der Herrscher und zum anderen dem fortschreitenden Zerfall der zenralen Autorität gekennzeichnet. Kaum war der Pad(i)shah gestorben, begann ein erbitterter Nachfolgekrieg zwischen seinen Söhnen. Durchsetzen konnte sich schließlich sein Zweitgeborener, Bahadur Shah. Den 1643 in Burhanpur auf die Welt gekommenen Sprößling hatte Awrangzeb bereits früh zu seinem Nachfolger gekürt und ihn mit militärischen Aufgaben betraut. Seit 1663 agierte er als Heerfuhrer auf dem Dekkhan gegen Bijapur und Golkonda. 1687 war er allerdings zusammen mit seinen Brüdern in den Verdacht geraten, einen Umsturz gegen seinen Vater zu planen. Er wurde inhaftiert und erst 1695 freigelassen. Das gute Verhältnis zwischen ihm und Awrangzeb konnte aber wiederhergestellt werden. Der Herrscher setzte ihn erst als Gouverneur in Agra und nach 1699 als Statthalter von Kanul ein.

Diese Position hatte er auch inne, als ihn die Nachricht vom Tode seines Vaters erreichte. Er machte sich sofort auf den Weg und ließ sich noch in Lahore zum neuen Pad(i)shah ausrufen. Seinem Bruder und Rivalen Azam Shah bot er die Statthalterschaft des Dekkhans an. Dieser lehnte ab, und so kam es im Juni des Jahres in der Nähe von Agra zu einem militärischen Kräftemessen der beiden Brüder. Bahadur Shah verließ als Sieger das Feld. Später, im Januar 1709, schlug er auch seinen anderen Bruder, Kam Bakhsh, bei Hyderabad vernichtend.

Der neue Herrscher mußte sich vor allem um drei Problemgruppen kümmern: Marathen, Rajputen und Sikhs. Unter den Marathen konnte Bahadur Shah einen Bürgerkrieg provozieren, indem er Shahu, den Enkel von Shivaji freiließ, ihn ganz offiziell mit einem *mansab*-Rang von 7000 ausstattete und in seine Heimat zurückschickte. Schwieriger waren die Auseinandersetzungen mit den Rajputen. Zwar gelang es Bahadur Shah, die ungeklärte Nachfolgefrage in Amber in seinem Sinne zu klären und den Raja von Jodhpur zu unterwerfen, doch flammten die Unruheherde sofort wieder auf, als er gegen seinen Bruder Kam Bakhsh vorrücken mußte. Da 1710 die Sikhs rebellierten, einigte er sich notdürftig mit den Rajputen auf einen Waffenstillstand. Der Sikh-Guru Govind Singh hatte Bahadur Shah stets unterstützt. 1708 war er jedoch auf dem Dekkhan umgebracht worden. Im Norden, genauer gesagt um Sirhind und im östlichen Punjab, entwickelte sich kurz darauf eine Revolte unter der Führung eines Sikhs namens Banda. Trotz intensiver Bemühungen sah sich Bahadur Shah nicht in der Lage, die Ordnung in der Region wiederherzustellen. Im Februar 1712 starb der Mogulherrscher in Lahore.

Wieder kam es zwischen den Prinzen zu einem Ringen um die Macht. Jahandar Shah, der zu dem Zeitpunkt, als sein Vater starb, Statthalter in Multan war, konnte sich durchsetzen. Dies gelang aber nur mit der massiven Unterstützung des mächtigen Kriegsministers und Gouverneurs des Dekkhans, Dhu l-Fiqar Khan. Dessen Ziel war es, den Fähigsten der Söhne Bahadur Shahs, nämlich Azim ash-Shaʿn, zu besiegen und damit das Wesirat für sich zu reservieren. Da Jahandar Shah sich als schwacher Regent erwies, marschierte Farrukh Siyar, der zweite Sohn von Azim ash-Shaʿn, 1712 von Patna aus nach Agra. Nach Siegen über den Sohn von Jahandar folgte im Januar 1713 die Auseinandersetzung mit der herrscherlichen Armee. Jahandars

Truppen wurden aufgerieben, der Pad(i)shah floh nach Delhi. Dort nahm man ihn gefangen und ließ ihn später hinrichten.

Farrukh Siyars Regierungszeit ist gekennzeichnet durch den Machtkampf zwischen dem Herrscher und seinen beiden wichtigsten Ministern, den sogenannten Sayyid-Brüdern (Sayyid Husayn Ali und Abdallah). Das Reich war durch diese Auseinandersetzung an seiner Spitze gelähmt, überall fielen Tributärfürsten und Statthalter von der Zentralregierung ab. Der heftig ausgetragene Kampf am Mogulhof um die Macht verstärkte die Auflösungserscheinungen. Schließlich marschierte im Februar 1719 Husayn Ali, dem der Dekkhan unterstand, mit einem großen Heer, in dem über 15 000 Marathen Dienst taten, in Delhi ein. Ein fadenscheiniges Kompromißangebot des Pad(i)shahs lehnte der Sayyid ab. Stattdessen ließ er im Februar 1719 Farrukh Siyar absetzen und blenden. Zwei Monate später wurde der ehemalige Machthaber erdrosselt.

In vielerlei Hinsicht brach Farrukh Siyar mit der bis in seine Zeit hinein maßgeblichen Politik seines Urgroßvaters Awrangzeb. Er ließ die Kopfsteuer für Nichtmuslime (*jizya*) wieder abschaffen und söhnte sich mit vielen Rajputen aus, indem er ihnen sehr hohe Ränge mit den dazugehörigen Pfründen und einflußreiche Posten in der Verwaltung verlieh. Als Zeichen dieser Politik heiratete er in einem pompösen Festakt die Tochter des Maharajas Ajit Singh aus Jodhpur. Darüber hinaus machte er über die Sayyid-Brüder große Zugeständnisse an die Marathen und die Jats. Und schließlich sicherte er 1717 in einem herrscherlichen Erlaß der EIC neben weitreichenden Privilegien auch den zoll- und abgabenfreien Handel in Bengalen, Bihar und Orissa zu.

Wie sehr das Mogulreich als einheitlicher Herrschaftsverbund an Struktur und Kohärenz verloren hatte, zeigte sich am Ende der 1730er Jahre zur Zeit der Regierung von Muhammad Shah (reg. 1719–1748). Der damalige iranische Machthaber, Nadir Shah Afshar (reg. 1736–1747), konnte 1738 Qandahar, Kabul und die Regionen westlich des Indus besetzen. Im nächsten Jahr folgte ein großer Feldzug nach Nordindien in das ursprüngliche Kerngebiet des Mogulreiches. In der Nähe von Delhi stellte sich Muhammad Shah den Invasoren. Er und seine Truppen erlitten eine vernichtende Niederlage. Nach dem traditionellen Essen mit dem Sieger, bei dem man sich als Zeichen der Gleichberechtigung auf Türkisch (!) unterhielt, wurde Muhammad Shah in die Hauptstadt gebracht. Dort nannte der Imam während der Freitagspredigt Nadir Shah als nunmehr legitimen Herrscher in Indien. Darüber hinaus brachte man Münzen mit dem Namen des iranischen Machthabers in Umlauf. Auf ein Gerücht hin, daß Nadir Shah ermordet worden sei, brachte die Bevölkerung zahlreiche persische Soldaten um. Delhi wurde daraufhin zur Plünderung freigegeben. Dem damit vebundenen Massaker an der Bevölkerung fielen etwa 20 000 Menschen zum Opfer.

Sucht man Gründe für den Zerfall und den Niedergang des Mogulreiches, so ist klar, daß nicht singuläre, monokausale, sondern verschiedene, teils systemimmanente, teils äußere Ursachen, die sich gegenseitig verstärkten und miteinander verflochten waren, dafür verantwortlich waren. Die Stabilität dieses komplexen Reichs mit seiner subtilen Administration war zwangsläufig nur unter ganz bestimmtenBedingungen gewährleistet. Nur ein strikt eingehaltener Zentralismus konnte für ein reibungsloses Funktionieren des Verwaltungsapparates sorgen. Ein – allein schon durch seine Größe, seine kulturellen und geographischen Unterschiede – derart fragiles Gebilde wie das Administrationsgefüge des Mogulreiches mußte sich auf äußerste Disziplin seiner «Beamten» stützen können. Dies war aber nur dann gegeben, wenn die Zentralgewalt sich keine Schwäche erlaubte, d. h. solange sie die auftretenden Probleme zufriedenstellend zu lösen verstand, verbunden mit einer zunehmenden Prosperität und Expansion.

Der erste Schatten, der über dem ganzen System lag und auf seine allmähliche Zersetzung hindeutete, war die Verbindung der schon früh einsetzenden Finanzkrise mit der sogenannten «Krise im Pfründensystem». Der zur Verfügung stehende Überschuß reichte offenbar langfristig nicht aus, die Kosten der Verwaltung zu decken, zumal hohe Ausgaben für die ständigen Kriege und die Aufrechterhaltung höfischer Repräsentanz auch unter den Notabeln hinzukamen. Obwohl der Prunk am Hofe immer mehr zunahm und unter Shah Jahan ein nie gekanntes

Ausmaß erreichte, waren die Mogulherrscher nicht in der Lage, gleichzeitig für eine Steigerung der landwirtschaftlichen Produktion zu sorgen. Der eigentliche Grund für die Prosperität auf dem Agrarsektor im 16. Jahrhundert war die fortschreitende Kultivierung von bis dahin brachliegendem Land, das neu als Pfründe verliehen worden war. Sich um die zu bewirtschafteten Felder und das Los der Bauern zu kümmern, war eine der Hauptaufgaben der Pfründeninhaber bzw. der für eine Pfründe zuständigen Beamten. Die schon erwähnte Tatsache, daß bereits unter Jahangir 95 Prozent des gesamten Landes als Lehen vergeben war, der Umstand, daß die Annexion von Bijapur 1686 und Golkonda 1687 letztlich aus politischen Erwägungen, nicht aus finanziellen Gründen geschah und daß die Dekkhan-Region im Grunde eine «deficit-area» war, führte zu einer Knappheit des als Pfründe an Ranginhaber zu vergebenen Landes. Dies bewirkte in zunehmendem Maße Verzögerungen in der Pfründenvergabe. Erhielt man dann das Lehen, so passierte es nicht selten, daß die realen Einnahmen dem zugesicherten Anteil des Mehrwertes nicht entsprachen. Dies alles mußte unweigerlich Risse im ganzen Rangsystem und somit auch im Verwaltungsgebäude des Mogulreiches hervorrufen. Hinzu kamen ein allgemeiner Wertverlust des Geldes und die allgemeine Unzufriedenheit der Bauern, auf die zwangsläufig ein immer stärker werdender Druck ausgeübt wurde.

Auf diese Weise kam es am Ende der Regierungszeit von Awrangzeb zu einer regelrechten Krisensituation innerhalb des Pfründensystems. Es gab nur die Alternative zwischen dem Zusammenbruch des Reiches oder einer raschen und effizienten Reform. Zwar ergriffen Awrangzebs Nachfolger Maßnahmen zur Verbesserung der Situation, doch erwiesen sich diese Ansätze letzten Endes als unzureichend. Das Reich zerfiel. Man kann daher aus der Rückschau sicherlich zu Recht sagen, daß die Herrschaft von Awrangzeb eine Art Übergangsphase von einer funktionstüchtigen patrimonialstaatlichen Herrschaft unter Shah Jahan zu einer Desintegration des kontrollierten Machtbereiches in den ersten Jahrzehnten des 18. Jahrhunderts darstellt.

In die Regierungszeit Awrangzebs fallen auch die ersten Auseinandersetzungen mit den in ihren heimischen Kulturtraditionen
fest verwurzelten Gruppen, die seit dem ausgehenden 17. Jahrhundert nach Autonomie strebten und an den Ereignissen, die
das politische Leben Indiens in der Folgezeit umwandeln sollten, weitgehend beteiligt waren. Den erst beginnenden Konfron-
tationen mit den Jats, Sikhs und Rajputen folgte das langwierige,
vergebliche Bemühen Awrangzebs, den Süden Indiens tatsächlich
seinem Reich einzuverleiben. Obwohl es ihm während seines
25 jährigen Aufenthalts auf dem Dekkhan gelang, 1688 Shambaji, den Sohn Shivajis, festzunehmen und hinzurichten, wurde
bald deutlich, daß die Marathen auch ohne ein festes Zentrum
ihren Kampf gegen die Moguln fortsetzen wollten. Grundsätzlich
läßt sich feststellen: «Das Unheilvolle der Dekkhan-Politik war
nicht, daß sie betrieben wurde, sondern daß sie erfolglos blieb.
Das Versagen gegenüber den Marathen ist wahrscheinlich ein
Faktor von ausschlaggebender Bedeutung für den darauf folgenden Niedergang des Reiches.» (Friedrich Wilhelm)

Der schier endlose Krieg, der mit ungeheuren Ausgaben verbunden war, die finanzielle und administrative Krise sowie die
Unzuverlässigkeit der Beamten auf dem Dekkhan schürten das
allgemeine Bewußtsein der Nobilität für die Instabilität des
Systems. In solch einer Situation brodelte an den Höfen der
Statthalter und Notabeln die Gerüchteküche; Intrigen wurden
geschmiedet, Umsturzpläne ersonnen, Kräfte für den Tag X gesammelt. Es formierten sich Faktionen, die die Gunst der Stunde
nutzen wollten. War eine Parteienbildung mit klaren politischen
Forderungen noch zur Zeit Shah Jahans unbekannt, so entstand
während der letzten Regierungsjahre Awrangzebs eine Reihe
von miteinander konkurrierenden und im Widerstreit liegenden
Gruppierungen am Hof. Überhaupt ist der nach dem Tode von
Awrangzeb einsetzende Verfallsprozeß durch einen in zunehmendem Maße heftigeren Parteienkampf um die Ausübung der
Macht gekennzeichnet.

Unter dem Anwachsen derartiger Faktionen und den damit
einhergehenden Rivalitäten innerhalb der Nobilität litt natürlich das auf Konsens basierende Herrschaftsgeflecht im Reich.

Ferner waren nun gemeinsam getragene militärische Unternehmungen kaum noch realisierbar. Jeder Statthalter und Großpfründner verdächtigte – nicht zu Unrecht, wie sich nach dem Tod von Awrangzeb zeigen sollte – den anderen, sich im geeigneten Moment für unabhängig erklären zu wollen und nach autonomer Herrschaft zu streben.

Aus den obligatorischen Erbfolgekriegen nach dem Tode des Pad(i)shahs ging nicht mehr ein einziger, unumstrittener, allgemein anerkannter Herrscher hervor, sondern jede Partei versuchte, ihren Kandidaten in diese Position zu bringen, um dann unter ihm zur tatsächlichen Machtausübung die wesentlichen Ämter des Wesirs oder des Kriegsministers einzunehmen. Es kam zu einem bis Nizam al-Mulk (gest. 1748) andauernden Kampf um das Wesirat zwischen diesen einzelnen Gruppen. Dabei war keine Gruppe mächtig genug, die anderen endgültig auszuschalten, noch konnte sich eine starke Herrscherpersönlichkeit über diese Parteien erheben. Im Gegenteil, seine tatsächliche Macht ging verloren. Gleichzeitig wurden die Macht und das Einflußgebiet der Jats, Sikhs, Rajputen und Marathen immer größer, immer mehr Statthalter machten sich von der Zentralgewalt frei, einflußreiche Fürsten verließen den Hof, um in ihren Territorien die Macht wieder an sich zu reißen. Genauso stellten viele lokale Herrscher ihre Abgabenzahlungen ein und wurden wieder unabhängige, regionale Patrimonialherrscher. So beschränkt sich schon 1728, also nur 21 Jahre nach Awrangzebs Tod, der tatsächliche Machtbereich des Mogulherrschers nur noch auf ein Territorium, dessen Grenzen Sharanpur im Westen, Farrukhabad im Osten, der Ganges im Norden und Narmada im Süden bildeten. Doch selbst innerhalb dieses Rumpfgebietes des ehemaligen Großreiches kontrollierten die Jats zahlreiche Landstriche und viele ehemals abhängige Lokalherrscher gerierten sich ganz ungeniert als Kleinkönige.

Epilog

Der Zerfall des Mogulreichs nach dem Tod Awrangzebs und das Entstehen vieler lokaler Fürstentümer führten unter anderem dazu, daß die europäischen Handelsorganisationen, allen voran die East India Company und die Compagnie des Indes Orientales, keinen übergeordneten Ansprechpartner mehr hatten. Der Handel kam streckenweise völlig zum Erliegen. Die Briten und Franzosen gingen daher zum einen dazu über, in den von ihnen kontrollierten Regionen nicht mehr den indigenen Rechtsvorschriften zu folgen, sondern das eigene Recht anzuwenden. Zum anderen mischten sich die Europäer immer mehr in die vielen regionalen Auseinandersetzungen und Thronstreitigkeiten ein. Gleichzeitig verstärkte sich durch den in Europa ausgefochtenen Siebenjährigen Krieg (1756–1763) die Konkurrenz untereinander. Robert Clive, der Generalgouverneur der EIC in Indien, siegte schließlich gegen seinen französischen Widersacher Joseph François Dupleix. Darüber hinaus schlug er in der Schlacht von Plassey 1757 Siraj ad-Dawla, den Herrscher von Bengalen. Nach einer weiteren Niederlage 1764 übertrug der Mogulherrscher Shah Alam Bahadur den Briten die Verwaltungsrechte über Bihar, Bengalen und Orissa. Dies stellt den eigentlichen Beginn der englischen Herrschaft auf dem Subkontinent dar.

Zu den östlichen Regionen kamen am Ende des 18. Jahrhunderts Teile des Südens und die Gangesebene sowie 1830 große Gebiete in Zentral- und Nordostindien. 1849 folgte der Punjab. Man sicherte sich die Kontrolle über diese Territorien, indem man gegen die Anerkennung der britischen Oberherrschaft Militärbündnisse mit den lokalen Machthabern abschloß. Für den Einzug der ebenfalls zugesicherten Steuerabgaben sorgten dann die Beamten der EIC. Das System der indirekten Herrschaft änderte sich erst nach einem antibritischen Aufstand im

Jahre 1857. Dieses Ereignis, das in die britischen Geschichts-
bücher als «Mutiny» eingegangen ist, da indische Truppen in
Diensten der Briten gegen ihre Vorgesetzten meuterten, führte
zur Exilierung des letzten Mogulherrschers Bahadur Shah Zafar
(gest. 1863) und zur direkten Machtübernahme der Engländer
in Indien.

Das Mogulreich, das zwischen 1530 und 1750 als Herrschafts-
verband existierte, hat letzten Endes nicht um 1600 seinen per-
fekten Zustand erreicht, sondern ist stets ein höchst komplexer
und vor Ort variationsreicher Verbund ganz unterschiedlicher
Gruppen und Interessen gewesen. Die fortwährende Einver-
leibung neuer Regionen erforderte eine immer neue Anpassung
an lokale Bedingungen und Praktiken, so daß das Reich insgesamt doch eher einer Flickendecke als einem sorgsam geknüpf-
ten Perserteppich glich. Allerdings können wir um 1700 insofern
einen Wandel in der Struktur erkennen, als daß nun regionale
Fürstentümer flächendeckend die Kontrolle übernehmen. Man
sollte sich daher fragen, ob wir es hier nicht mit einer Transfor-
mation der ohnehin schon im System angelegten fragilen Machtbasis der Zentrale auf lokaler Ebene zu tun haben. Die persischen
Chronisten suggerieren uns das Bild eines stabilen Zentralreiches,
aber wir dürfen den zeitgenössischen Chronisten nicht alles glauben. Es schlummern noch unzählige ungehobene Schätze in den
indischen, aber auch in den europäischen Archiven und Biblio-
theken. Deren Erschließung wird späteren Forschern neue Ant-
worten ermöglichen.

Zeittafel

1605–1628	Jahangir.
1605	Tod des Sikh-Führers Arjun im Kampf gegen die Muslime.
1628–1658	Shah Jahan (gest. 1666).
1636	Sieg gegen die Nizam-Shahi-Dynastie von Ahmadnagar (seit 1490); in der Folgezeit werden die Adil-Shahi- und die Qutb-Shahi-Dynastie von Bijapur und Golkonda tributpflichtig.
1643	Vollendung des Taj Mahalls, das Shah Jahan für seine verstorbene Frau Mumtaz Mahall (gest. 1631) erbauen läßt.
1648	Feierlicher Einzug des Herrschers in die neue Hauptstadt Shahjahanabad.
1646–1656	Shivaji gründet ein marathisches Fürstentum in Bijapur.
1659–1707	Awrangzeb.
1660er Jahre	Schwierige und langwierige Feldzüge nach Bengalen, Afghanistan und gegen eine Rajputenkonföderation in Mewar; endgültige Abkehr von der Religionspolitik Akbars; antihinduistische Erlasse.
1664	Gründung der französischen «Compagnie des Indes Orientales» (CIO).
1664–1672	Erstellung des hanafitischen Rechtskompendiums *Fata-wa-yi Hindiyya* («Indische Rechtsgutachten»).
1680	Beginn der Feldzüge auf den Dekkhan; die Marathen werden immer mehr zum Hauptgegener der Moguln.
1681–1707	Awrangzeb hält sich auf dem Dekkhan auf; Brahmanpuri wird zum politischen Zentrum des Reiches.
1686/87	Annexion von Golkonda und Bijapur.
1707–1712	Shah Alam Bahadur.
1710	Rebellion der Sikhs; anhaltende Kämpfe gegen die Marathen und Rajputen.
1719–1748	Muhammad Shah.
1739	Einfall des iranischen Herrschers Nadir Shah in Nordindien; Einnahme Delhis; Massaker unter der Bevölkerung der Stadt.
1751 und 1761	Siege der Briten über die Franzosen bei Arcot und Pondicherry.
1757	Robert Clive, ein Offizier der East India Company, besiegt Siraj ad-Dawla, den Herrscher über Bengalen, bei Plassey.
1764	Shah Alam Bahadur überträgt den Engländern die Verwaltungsrechte über Bengalen, Bihar und Orissa.
1857/58	Aufstand muslimischer Truppen («Mutiny») in Diensten der Briten gegen ihre Befehlshaber.
1877	Indien wird zum Kaiserreich, Queen Viktoria zur «Kaiserin von Indien».

Literaturhinweise

Alam, M./Subrahmanjam, S. (Hg.), *The Mughal State, 1526–1750*. Oxford 2000.

Alam, M., *The Crisis of Empire in Mughal North India: Awadh and the Punjab, 1707–1748*. Delhi 1986.

Asher, C. B., *Architecture of Mughal India*. Cambridge 1995.

Athar Ali, M., *The Apparatus of Empire: Awards of Ranks, Offices and Titles to the Mughal Nobility, 1573–1658*. Delhi 1985.

Athar Ali, M., *The Mughal Nobility under Aurangzeb*. Bombay 1966.

Beach, M. C., *Mughal and Rajput Painting*. Cambridge 1992.

Beach, M. C., *The Grand Mogul: Imperial Paintings in India 1600–1660*. Williamstown 1978.

Beach, M. C., *Early Mughal Painting*. Cambridge 1987.

Begley, W. E., The Myth of the Taj Mahal and a New Theory of its Symbolic Meaning, in: *The Art Bulletin* 61 (1979), S. 7–37.

Blake, S., The Patrimonial-Bureaucratic Empire of the Mughals, in: *Journal of Asian Studies* 39 (1979), S. 77–94.

Blake, S., *Shahjahanabad: The Sovereign City in Mughal India. 1639–1739*. Cambridge 1991.

Chandra, S., *Mughal Religious Policies, the Rajputs and the Deccan*. Delhi 1993.

Chandra, S., *Medieval India: Society, the Jagirdari Crisis and the Village*. Delhi 1982.

Chandra, S., *Parties and Politics at the Mughal Court, 1707–1740*. 2. Aufl. New Delhi 1972.

Chandra, S., *The Eighteenth Century in India: its Economy and the Role of the Marathas, the Jats, the Sikhs and the Afgans*. Delhi 1986.

Chaudhuri, K., *The Trading World of Asia and the English East India Company, 1660–1760*. Cambridge 1978.

Conermann, S., *Historiographie als Sinnstiftung. Indo-persische Geschichtsschreibung während der Mogulzeit (932–1118/1516–1707)*. Wiesbaden 2002.

Eaton, R. M., *Sufis of Bijapur, 1300–1700. Social Roles of Sufis in Medieval India*. Princeton 1977.

Eaton, R. M., *The Rise of Islam and the Bengal Frontier, 1204–1760*. Berkeley/ Los Angeles 1993.

Embree, A. T./Wilhelm, F. (Hg.), *Indien. Geschichte des Subkontinents von der Induskultur bis zum Beginn der englischen Herrschaft*. Frankfurt am Main 1967.

Ernst, C., *Eternal Garden: Mysticism, History and Politics in a South Asian Sufi Center*. Albany 1992.

Findley, E. B., *Nur Jahan, Empress of Mughal India*. New York/Oxford 1993.

Franke, H., *Akbar und Gahangir, Untersuchungen zur politischen und religiösen Legitimation in Text und Bild*. Schenefeld 2005.

Gordon, S., *The Marathas, 1600–1818*. Cambridge 1993.

Grewal, J. S., *The Sikhs of the Punjab*. Cambridge 1994.

Habib, I., *The Agrarian System of Mughal India*. Aligarh 1963.

Habib, I., *An Atlas of the Mughal Empire: Political and Economic Maps with Detailed Notes, Bibliography and Index*. 2., überarbeitete Aufl. Oxford 1986.

Hardy, P., Islamischer Patrimonialismus: Die Moghulherrschaft, in: Schluchter, W. (Hg.), *Max Webers Sicht des Islams*. Frankfurt am Main 1987, S. 190–216.

Koch, E., *Mughal Architecture: An Outline of its History and Development (1528–1707)*. München 1991.

Kolff, D. H. A., *Naukar, Rajput and Sepoy: The Ethnohistory of the Military Labour Market in Hindustan. 1450–1850*. Cambridge 1990.

Raychaudhuri, T./Habib, I. (Hg.), *The Cambridge Economic History of India. Vol. 1: c. 1200–1757*. Cambridge 1982.

Richards, J. F., *Mughal Administration in Golkonda*. Oxford 1975.

Richards, J. F., *The Mughal Empire*. Cambridge 1993.

Rizvi, S. A. A., *Rivivalist Movements in Northern India in the Sixteenth and Seventeenth Centuries*. Ara 1965.

Schimmel, A., *Im Reich der Großmoguln. Geschichte, Kunst, Kultur*. München 2000.

Streusand, D. E., *The Formation of the Mughal Empire*. Delhi 1989.

Personenregister